D1353265

HARALD HARNACK

CLARIS™

FILEMAKER™

PRO

EDITIONS MICRO APPLICATION

Copyright   © 1991   Data Becker GmbH
Merowingerstraße 30
4000 Düsseldorf 1

© 1991   Micro Application
58, rue du Faubourg Poissonnière
75010 Paris

Auteur   Harald HARNACK

Traductrice   Roxane ZGRIPCEA

ISBN : 2-86899-593-4

Collection dirigée par Philippe Olivier
Edition réalisée par Frédérique Beaudonnet

Pourquoi RAPIDO ?

Lorsqu'un utilisateur de Macintosh découvre pour la première fois un logiciel, il n'aime pas s'embarrasser de détails.

Pour peu qu'il connaisse déjà un programme équivalent, voire une version antérieure à ce produit, son but n'est pas tant de maîtriser parfaitement l'outil qu'il a entre ses mains que de le mettre le plus rapidement en oeuvre.

Tous les logiciels sur Macintosh sont simples à utiliser, rapides à installer. Les menus sont toujours à leur place, les zones de dialogue, les boutons pop-up ou les bandes de défilement fonctionnent toujours de la même façon... Du coup, il n'y rien de plus agaçant que de consulter un manuel de l'utilisateur trop volumineux, alors que l'on pourrait aller si vite dans sa mise en route.

Avec nos ouvrages Rapido, nous pensons pouvoir assouvir votre impatience. Leur secret : la pratique. Qu'importent les options cachées, les sous-menus et autres paramètres, vous aurez tout loisir de les découvrir ultérieurement. Pour le moment apprenez juste ce qu'il faut pour vous mettre immédiatement à la tâche, rien de plus.

Avec Rapido vous irez vite et bien. Il traite les points forts de votre logiciel et tâchera de vous inculquer les meilleures habitudes. Des explications claires sans discours inutile, quelques dizaines d'images bien choisies, le tout contenu dans 150 à 200 pages d'informations maximum ; assez pour que vous soyez dans le bain.

Rapido privilégie donc les applications immédiates. Elles vous sont présentées dans un ordre de complexité croissante, inspirées la plupart du temps de cas d'utilisation concrets, et surtout conçues pour mettre en avant chacun des domaines de prédilection du logiciel étudié. Parmi ceux-ci, vous en reconnaîtrez certainement un qui s'apparente à vos besoins. De la sorte, nous pouvons vous garantir que tout ce que vous apprendrez ici vous sera effectivement utile.

Nous tenons à remercier la société Claris pour toute l'assistance qu'elle a bien voulu nous apporter lors de la réalisation de cet ouvrage.

Sommaire

1. Bienvenue dans l'univers de FileMaker Pro

Dans la vie quotidienne, nous sommes souvent amenés à répéter les mêmes actions et à manipuler sans cesse le même type d'informations. Pour fonder nos décisions sur l'expérience acquise, nous puisons dans un fonds d'informations multiples et variées que nous avons soigneusement recueillies au fil du temps. L'importance de rassembler des informations n'est plus à démontrer ; c'est l'essence même de notre expérience, la clé de tous nos problèmes. Recueillies et classées par ensembles cohérents, les informations se multiplient de jour en jour et il devient de plus en plus difficile d'en garder une vue générale claire et précise. Pour ne pas nous laisser envahir par le flot des informations, l'ordinateur nous offre un outil universel par le biais des bases de données, qui se trouvent au coeur du traitement de l'information. Au fil du temps, les techniques employées pour manipuler les informations dans une base de données se sont peu à peu adaptées aux exigences sans cesse renouvelées, et perfectionnées, pour donner naissance à une génération de systèmes d'information personnalisés et souples, qui évoluent au rythme des innovations et des besoins de chacun. Dans la pratique, les bases de données contribuent à enrichir notre expérience et nous aident à en faire le meilleur usage dans nos décisions.

Parmi ces systèmes d'information personnalisés, FileMaker Pro sur Macintosh occupe une place de choix. C'est un outil puissant et efficace qui vous permet de réunir les informations dont vous avez besoin individuellement et en toute simplicité, et de les stocker en très grand nombre. Les statistiques qu'il réalise pour vous portent sur l'ensemble des données recueillies. Bref, FileMaker Pro vous permettra d'élargir et de consolider votre expérience afin de prendre les bonnes décisions au bon moment. Alliant l'élégance du système Macintosh à la simplicité du traitement de l'information, FileMaker Pro donne des ailes au novice et consolide l'expérience du connaisseur si péniblement acquise sur des systèmes moins conviviaux. Fidèle à l'esprit de la collection Rapido, cet ouvrage vous introduit dans l'univers de FileMaker Pro et vous donne un aperçu général de ses capacités et performances à travers ses points forts.

A propos de FileMaker Pro

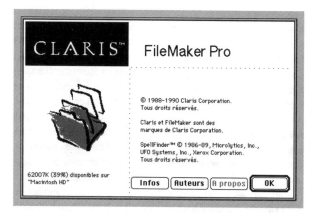

Etant donné la complexité de FileMaker Pro, ce livre n'a pas l'ambition d'en faire un tour complet. Son but est de vous donner une vue globale des multiples possibilités qui vous sont offertes et de vous aider à faire les premiers pas dans votre travail avec FileMaker Pro. Une base de données se met comme aucun autre outil à l'écoute à vos besoins personnels que vous êtes le seul à connaître. Si la multiplicité des possibilités offertes vous livrent la solution recherchée dans votre domaine particulier sans constituer un poids supplémentaire, vous pouvez vous féliciter de votre choix. FileMaker livre au débutant les secrets de son efficacité comme dans un jeu d'enfant et guide l'utilisateur chevronné dans sa recherche d'une structure pour gérer les multiples informations dont il dispose, de la présentation des données et jusqu'à l'utilisation des réseaux les plus complexes. Fini les montagnes de chiffres et les masques de saisies abstraites. L'interface graphique du Macintosh vous fournit une aide supplémentaire car elle vous permet d'utiliser au mieux les possibilités offertes par le logiciel.

Nous allons partir du principe que vous savez déjà utiliser votre Macintosh. Si vous en doutez, entourez-vous de tous les manuels susceptibles de vous aider, le manuel de référence de votre Macintosh, sans oublier les ouvrages de la collection "Rapido Macintosh" de Micro Application, qui vous donnent une vue d'ensemble en très peu de temps.

1.1. FileMaker Pro, la nouvelle génération des bases de données

FileMaker Pro a été développé à partir de son prédécesseur FileMaker II. Avec cette dernière version, FileMaker accroît ses performances et introduit de nouvelles fonctions. Le tri des données portera désormais sur toutes les rubriques, même celles qu contiennent déjà des statistiques. Les scripts se chargent d'exécuter une série d'opérations répétitives pour vous permettre, par exemple, d'automatiser les tâches les plus courantes ou de passer d'un modèle à l'autre. Le modèle est une forme de présentation qui vous permet d'agencer les données à l'écran et à l'impression. De par leur diversité, les fonctions en mode Modèle atteignent le niveau de qualité des logiciels graphiques. Vous pouvez par exemple, définir des formats standard, agencer les couleurs et positionner les objets avec précision. Un modèle se divise en plusieurs parties, ou "éléments", que vous pouvez déplacer ou supprimer à votre gré. La zone d'état et le menu Objet vous proposent un ensemble d'outils pour agencer les éléments d'un modèle. En définissant un ordre de tabulation, vous pouvez saisir vos données dans l'ordre que vous souhaitez. FileMaker Pro vous donne en outre la possibilité de vérifier l'orthographe et de vous contrôler au cours de la saisie à l'aide d'une série de dictionnaires intégrés. De plus, vous pouvez demander à FileMaker Pro d'aller chercher des informations dans un autre fichier et de les reporter dans le fichier courant. Vous pouvez dialoguer avec le système en toute simplicité en utilisant les menus déroulants, les cases à cocher et les cercles d'options, et automatiser la mise en forme de vos données. Comme vous pouvez le constater, FileMaker Pro vous offre un immense éventail de fonctions que nous allons expérimenter ensemble dans ce livre.

1.2. Configuration requise

Pour utiliser FileMaker Pro, vous devez disposer d'un équipement minimal. En ce qui concerne la configuration matérielle, FileMaker Pro fonctionne sur les modèles Macintosh suivants :

– Mac Plus, SE, II, ou Portable.

à condition toutefois de disposer d'au moins 1 Mo de mémoire vive.

Pour faire fonctionner votre logiciel, vous devez disposer d'au moins deux lecteurs 800 Ko ou d'un lecteur Superdrive, ou alors d'un disque dur accompagné d'un lecteur Superdrive. Pour compléter votre configuration, choisissez de préférence une imprimante LaserWriter ou ImageWriter. Vous pouvez bien sûr utiliser toute autre imprimante à condition qu'elle s'adapte à votre configuration. Si vous rencontrez le moindre problème, demandez conseil à votre fournisseur.

1.3. Copies de travail

Avant de vous lancer dans le travail, faites des copies de sauvegarde du logiciel et travaillez uniquement avec celles-ci.

Pour cela, initialisez quatre disquettes vierges de 800 Ko et donnez-leur les noms des disquettes originales en ajoutant la mention "Copie". Puis protégez en écriture les disquettes originales en positionnant la languette de protection et copiez les disquettes selon les instructions fournies dans votre manuel de référence Macintosh. Placez ensuite les disquettes originales en lieu sûr et travaillez uniquement avec les copies.

1.4. Installation

Un petit conseil avant de commencer : n'effacez jamais les disquettes originales car elles seront irrémédiablement perdues.

L'installation du logiciel est le premier pas dans le travail pratique avec FileMaker Pro. Allumez l'ordinateur après avoir établi la configuration requise et connecté tous les périphériques.

Macintosh équipé de deux lecteurs de disquettes 800K

Si votre ordinateur n'est pas équipé d'un disque dur, vous devez disposer d'au moins deux lecteurs 800 K. Songez toutefois que cette configuration n'est pas des plus faciles à manier. Prenez les copies de sauvegarde que vous venez de réaliser, ainsi qu'une disquette vierge pour l'enregistrement de vos données et introduisez les disquette dont vous avez besoin l'une après l'autre dans un des deux lecteurs. Réduisez la taille du dossier Système en éliminant certains accessoires de bureau ou polices de caractères que vous n'utilisez jamais ou encore installez le système minimum fourni sur la disquette Utilitaires de votre Macintosh sur votre disquette de démarrage.

S'il reste encore suffisamment de place sur la disquette, placez les dictionnaires principal et utilisateur, ainsi que le fichier FileMaker Pro Aide dans le Dossier Système, en les faisant glisser à partir de la disquette FileMaker Pro Utilitaires, puis copiez le dossier Exemples. Vous disposerez ainsi d'une copie supplémentaire de la disquette FileMaker Pro Utilitaires. N'effacez en aucun cas les originaux et rangez la copie de la disquette FileMaker Pro Utilitaires.copie avec les originaux.

Après avoir accompli ces préparatifs, passez directement au chapitre "Premier lancement de Filemaker Pro".

Macintosh sans disque dur équipé d'un lecteur Superdrive (1,44 Mo)

Si votre Macintosh n'est pas équipé d'un disque dur mais dispose d'un lecteur Superdrive, créez une disquette de démarrage haute densité à l'aide du programme Installation. Pour vous aider, consultez le manuel de référence de votre Macintosh, qui vous donne toutes les instructions nécessaires. Copiez la disquette programme FileMaker Pro sur la disquette de démarrage et utilisez la place restante pour vos données. Copiez ensuite le contenu de FileMaker Pro Utilitaires, FileMaker Pro Exemples, et FileMaker Pro Aide sur des disquettes 3' 1/2 initialisées. Ensuite, copiez le contenu du dossier "Exemples" de la disquette FileMaker Pro Exemples dans le dossier du même nom.

Macintosh équipé d'un disque dur

Pour installer FileMaker Pro, il suffit de copier les disquettes originales sur le disque dur sans avoir recours à une procédure d'installation spéciale. La démarche d'installation que nous allons décrire s'applique également à la nouvelle version du système d'exploitation Macintosh, le Système 7.

Avec un disque dur et un lecteur de disquettes au moins, votre Macintosh dispose d'une configuration optimale. L'espace de stockage est largement suffisant et la vitesse de traitement est nettement plus élevée que dans une configuration à disquettes.

Préparatifs

Allumez votre Macintosh après avoir connecté tous les périphériques. Vérifiez ensuite si le Dossier Système contient déjà un dossier Claris associé à une autre application. Ne copiez surtout pas le Dictionnaire Utilisateur sur le disque si vous disposez déjà d'un tel dictionnaire, car vous remplaceriez irrémédiablement le dictionnaire existant et vous perdrez à tout jamais les termes que vous avez rassemblés au fil du temps. Ouvrez donc un autre dossier ou continuez à travailler avec votre dictionnaire habituel.

Pour éviter de mélanger vos fichiers de données avec les fichiers de l'application, nous vous conseillons de créer un dossier de travail sous le nom "Données" à l'intérieur du dossier "FileMaker Pro".

Ouvrez l'icône du disque dur et créez un nouveau dossier sous le nom FileMaker Pro. Créez ensuite un nouveau dossier sous le nom Claris (et non Dossier Claris) et placez-le dans le dossier Système, à condition qu'il n'y en ait pas déjà un. Verrouillez ensuite toutes vos disquettes en positionnant la languette de protection. Introduisez tout d'abord la disquette FileMaker Pro dans le lecteur et faites glisser l'icône de l'application dans le dossier que vous venez de créer sous le même nom. Introduisez ensuite la disquette FileMaker Pro Utilitaires dans le lecteur et copiez les fichiers "Claris Aide" et "Claris XTND" ainsi que le dossier "Traducteurs Claris". Faites ensuite glisser les icônes des dictionnaires principal et utilisateur dans le dossier Claris, à condition toutefois qu'ils ne s'y trouvent déjà, puisque FileMaker Pro génère de nouveaux dictionnaires en effaçant les précédents. Refermez la fenêtre de la disquette FileMaker Pro Utilitaires, puis faites glisser son icône sur la Corbeille. Insérez maintenant la disquette FileMaker Pro Exemples dans le lecteur, puis faites un double-clic sur son icône pour l'ouvrir. Copiez les dossiers "Exemples et "Exercices" dans le dossier FileMaker Pro déjà installé sur le disque. Fermez l'icône de la disquette et faites-la glisser sur la Corbeille pour l'éjecter. Ensuite, introduisez la disquette FileMaker Pro Aide, ouvrez son icône et copiez le fichier d'aide dans le dossier Claris, puis éjectez la disquette selon la même démarche.

1.5. Premier lancement

Si vous travaillez avec des disquettes, démarrez votre Macintosh avec la disquette système puis introduisez la copie de travail de la disquette programme FileMaker Pro dans l'un des lecteurs. La fenêtre de la disquette affiche l'icône de l'application FileMaker Pro.

Si vous travaillez avec un disque dur, ouvrez le dossier FileMaker Pro et faites un double-clic sur l'icône de l'application.

Personnaliser FileMaker Pro

Lorsque vous lancez FileMaker Pro pour la première fois, vous avez la possibilité de personnaliser votre exemplaire de l'application dans la première zone de dialogue qui s'ouvre sur votre écran. Entrez vos données personnelles ainsi que le numéro de série figurant sur la carte d'enregistrement.

Zone de dialogue de Personnalisation

Une fois spécifié lors du premier lancement, le numéro de série est intégré dans le menu Pomme. Au cours de vos différents contacts avec votre fournisseur, vous n'aurez pas à quitter l'application pour le chercher. Il vous suffira d'ouvrir le menu Pomme et d'afficher la fenêtre de personnalisation que vous avez saisie lors du premier lancement. Après l'écran de bienvenue, vous verrez apparaître la zone de dialogue initiale, qui affiche la liste des dossiers. Ouvrez le dossier "Données" et cliquez sur <Nouveau>. FileMaker Pro affiche à présent une nouvelle zone de dialogue pour vous permettre de spécifier le nom du nouveau fichier et le dossier de destination. Tapez "Adresses" dans la case de saisie et cliquez sur <Nouveau> pour l'ouvrir (cf. figure).

Créer un fichier sous le nom "Adresses"

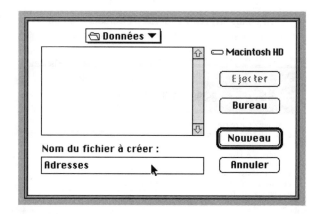

Lancer l'application FileMaker Pro

Dans la fenêtre de l'application

Pointer sur l'icône FileMaker Pro et faire un double-clic.

La zone de dialogue de personnalisation s'ouvre sur l'écran.

Entrer les informations requises dans les cases correspondantes et confirmer par un clic sur <OK>.

La zone de dialogue initiale s'affiche sur l'écran.

Sélectionner le dossier "Données" et cliquer sur <Nouveau>.

La zone de dialogue Nouveau s'ouvre sur l'écran.

Taper "Adresses" dans la case du nom et cliquer sur <Nouveau>.

FileMaker Pro affiche une nouvelle zone de dialogue pour vous permettre de définir les rubriques de la base de données.

1.6. Quitter l'application FileMaker Pro

Comme vous l'avez sans doute remarqué, l'article Enregistrer est absent du Menu Fich. où il se trouve d'habitude. En effet, FileMaker Pro enregistre toutes vos modifications au fur et à mesure. Vous n'aurez donc plus à le faire vous-mêmes.

Enregistrer

En revanche, l'article Enregistrer une copie vous permet de dupliquer le fichier courant sous trois formes différentes : tel quel, sans fiches ou comprimé. Nous allons y revenir dans le Chapitre 3.

Si vous avez suivi les instructions de lancement vous venez de créer un fichier sous le nom "Adresses" et votre écran affiche maintenant une zone de dialogue avec le titre Définition de rubrique de "Adresses". A ce stade, FileMaker Pro connaît déjà votre fichier pour lequel il a créé un modèle standard. Dans cette zone de dialogue, vous allez spécifier les noms et le type des rubriques qui apparaîtront dans la base de données devant les cases de saisie correspondantes. En bas à droite, seule la case de commande <Fin> est activée.

Pour quitter FileMaker Pro, vous devez tout d'abord cliquer sur <Fin>. Cette commande referme la zone de dialogue et vous fait revenir en mode Utilisation, où vous pouvez exécuter les commandes disponibles dans les menus. Pour sortir de l'application, choisissez l'article Quitter dans le Menu Fich., qui vous fait revenir au bureau du Finder.

Fin

Même si vous ne créez pas de rubriques, FileMaker Pro enregistre le fichier tel quel. Si vous quittez l'application entre temps, vous pouvez ouvrir votre fichier, soit dans la zone de dialogue initiale, soit dans le Menu Fich., une fois l'application ouverte.

Pour quitter FileMaker Pro depuis la zone de dialogue Définition de rubrique, cliquez tout d'abord sur <Fin>. La zone de dialogue se referme et vous pouvez à nouveau utiliser les menus. Pointez sur le Menu Fich. et appuyez sur le bouton de la souris. Le menu se déroule et vous pouvez choisir un article aussi longtemps que vous maintenez le bouton de la souris enfoncé. Faites glisser le pointeur sur l'article Quitter. Celui-ci s'affiche en vidéo inverse. Lorsque vous relâchez le bouton de la souris, la session avec FileMaker Pro est terminée.

1.7. Le programme d'aide

FileMaker Pro est livré avec un programme d'aide disponible dans le menu Pomme. La fonction d'aide est très simple à manipuler. Comme dans Hypercard, la fenêtre d'aide affiche différentes icônes qui vous permettent de sélectionner le chapitre désiré dans le sommaire ou un sujet particulier dans l'index par un simple clic. Pour naviguer dans le sommaire, il vous suffit de cliquer sur la flèche appropriée en haut à droite. Le point d'interrogation vous apprend comment utiliser la fonction d'aide, tandis que l'étoile affiche l'index des principaux points traités. Pour sortir, cliquez tout simplement dans la case de fermeture. A vous d'essayer maintenant.

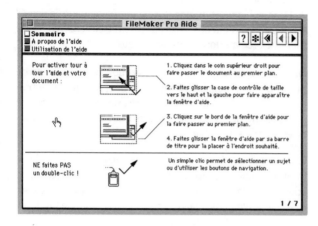

*FileMaker
Pro Aide*

Avant d'aller plus loin, nous allons nous arrêter un instant
sur les principales notions de FileMaker Pro.

Les informations recueillies dans une base de données sont
groupées par catégories. Chaque catégorie d'informations
à l'intérieur d'une fiche, par exemple le nom ou la localité,
constitue une rubrique.

*Fiches et
rubriques*

Une fiche se compose d'un ensemble de rubriques dont le
contenu varie mais qui se complètent mutuellement pour
présenter toutes les informations souhaitées. Prenons par
exemple une adresse. Un fichier d'adresses comprend d'une
part des rubriques de texte, comme le nom du destinataire,
et d'autre part, des rubriques qui ne reçoivent que des
chiffres, comme le code postal et le numéro de téléphone.

Les rubriques que l'on appelle mixtes reçoivent à la fois des
chiffres, du texte et des caractères spéciaux et relèvent de
la catégorie des rubriques alphanumériques, qui sont généralement traitées comme des simples rubriques de texte. Par
exemple, une adresse peut contenir dans une même rubrique des nombres et du texte pour indiquer le numéro de
l'immeuble et le nom de la rue. Dans ce cas précis, le numéro

de l'immeuble n'est qu'une simple entrée de texte, puisqu'il serait insensé d'effectuer des calculs avec ces chiffres. Cette rubrique recevra donc l'attribut "Texte".

Un fichier FileMaker Pro est un ensemble de données ou de programmes enregistrés sous un nom spécifique. Contrairement aux autres applications, FileMaker Pro enregistre non seulement les données saisies mais aussi tous les modèles associés au fichier.

Options Une option suppose un choix entre plusieurs possibilités. Pour exécuter certaines de ses fonctions, FileMaker Pro vous propose des choix supplémentaires accessibles en règle générale par le biais de la case de commande Options.

Si vous souhaitez séparer les modèles des données proprement dites à l'intérieur d'une base de données, le Menu Fich. vous propose sous l'article Enregistrer une copie une commande à plusieurs volets. Cette commande ouvre une zone de dialogue qui vous offre le chois entre plusieurs possibilités dans un menu local (cf. Chapitre 3).

Dans une rubrique Image, FileMaker Pro vous permet d'insérer des graphiques soit à partir de l'Album, soit à partir d'une autre application par le biais de la commande Importer du Menu Fich..

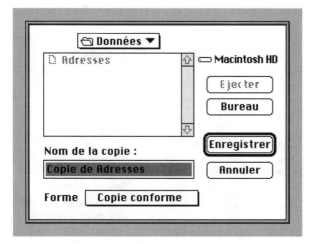

Zone de dialogue Enregistrer un fichier

Un modèle est une forme de représentation des données sur l'écran ou à l'impression. Si cela vous fait penser à un masque de saisie ou à un rapport, vous avez toutes les raisons de vous interroger sur la signification exacte de la notion de modèle sous FileMaker Pro.

Modèle

25

Voici un aperçu général des principales notions FileMaker Pro

Notion	Signification	Exemple
Rubrique	Catégorie d'informations	Nom
Fiche	Ensemble de rubriques	Adresse
Modèle	Ecran	Agencement des rubriques
Fichier	Modèles et données	L'ensemble des fiches
Caractères spéciaux	Caractères ayant une fonction spécifique	..., : ; +, etc...
Date	Format de date	Date de commande
Image	Différents formats	Images importées d'une application graphique
Option	Choix de paramètres	Formats de date

Retenez pour l'instant ces quelques notions de base. Nous allons décrire les autres notions en temps voulu.

2. Gestion des adresses

Passons maintenant à la pratique. Nous allons illustrer les fonctions essentielles de FileMaker Pro et les opérations associées sur des exemples concrets de la vie quotidienne : choix d'articles dans les menus, création et mise à jour de fichiers et rubriques, saisie de données et agencement de modèles.

A la fin de chaque chapitre ou section, nous allons présenter un résumé des principaux points traités sous forme de tableau.

Une base de données sert avant tout à rassembler des données fréquemment utilisées, comme par exemple les adresses de nos partenaires professionnels. C'est pourquoi nous allons commencer par créer un modèle standard pour la saisie des adresses. En voici une illustration.

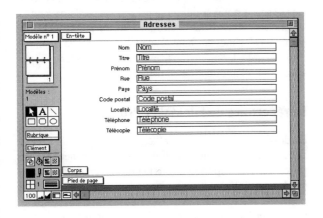

Modèle standard pour le fichier Adresses

Définition de rubriques

Lancez l'application FileMaker Pro, si cela n'est pas déjà fait, et sélectionnez le fichier "Adresses" dans le catalogue. La fenêtre qui s'ouvre sur votre écran affiche le modèle standard de votre fichier tel que vous l'avez quitté. Ce fichier est vide. Souvenez-vous que nous avions quitté FileMaker Pro sans définir de rubriques. Lorsque vous quittez l'application, vous ne recevez pas le message habituel vous demandant si vous voulez enregistrer le fichier, puisque l'enregistrement est automatique. Nous allons donc retrouver le fichier tel que nous l'avons laissé en quittant FileMaker Pro.

Zone d'état en mode Utilisation

Au lancement, FileMaker Pro vous place en mode Utilisation. Chaque fois que vous créez un nouveau fichier, l'article Accès exclusif du menu Fich. est automatiquement activé. Dans un environnement de réseau, cela signifie que vous êtes le seul à pouvoir utiliser le fichier. La partie gauche de la fenêtre contient des indications sur le fichier actif. Le menu local situé en haut à gauche affiche la mention "Modèle n°1". Ce menu répertorie tous les modèles que vous allez créer à l'intérieur de ce fichier.

Le répertoire de FileMaker Pro

En-dessous du menu local s'affiche le répertoire de FileMaker Pro. Pour le feuilleter, il vous suffit de cliquer sur les pages. La page supérieure vous fait revenir en arrière, tandis que la page inférieure vous place à la fiche suivante. Dès la première saisie, vous verrez apparaître à côté du répertoire un curseur indiquant votre position dans le fichier. En-dessous du répertoire, FileMaker Pro inscrit le numéro de la fiche courante. Le numéro sous le trait horizontal indique le nombre de fiches contenues dans le répertoire. La dernière indication présente l'état de tri courant. FileMaker Pro insère chaque nouvelle fiche à la fin du répertoire, mais vous pouvez modifier cet ordre par une opération de tri. Les trois icônes situées en bas à gauche vous permettent de réduire ou d'agrandir l'image à l'écran par des clics successifs avec la souris. L'indicateur d'affichage présente l'échelle de réduction ou d'agrandissement sous forme de pourcentage et vous permet de revenir à la taille normale à tout moment avec un simple clic. Et enfin, la dernière icône vous permet d'afficher ou de masquer la zone d'état que nous venons de décrire, ainsi que les outils qu'elle contient.

2.1. La première rubrique

Lorsque vous créez un nouveau fichier, vous devez tout d'abord définir les rubriques dans lesquelles vous allez entrer des données par la suite. Pour cela, choisissez l'article Définir les rubriques dans le menu Sélection.

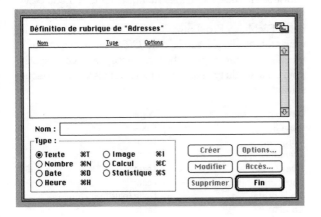

Définition de rubriques pour le fichier Adresses

Cette commande ouvre une zone de dialogue intitulée Définition de rubrique pour "Adresses" avec le point d'insertion dans la case de saisie. Tapez "Nom" pour la première rubrique. La case de commande Créer s'active aussitôt et s'affiche en contraste. Toutes les autres cases, exceptée la case Fin sont pour l'instant estompées, ce qui signifie que leurs commandes sont indisponibles à ce stade. La commande active peut être déclenchée soit par un clic avec la souris, soit par un appui sur la touche <Retour>. Cliquez sur Créer. Le nom de la rubrique que vous venez de spécifier s'inscrit dans la liste bordée d'une bande de défilement qui occupe la partie supérieure de l'écran. Cette liste présente en plus du nom, le type de la rubrique et les options. La première rubrique étant définie, vous méritez une petite pause.

2.2. Définition de rubriques

Pour reprendre le travail, ouvrez le fichier "Adresses" et choisissez l'article Définir les rubriques dans le menu Sélection. Cette commande vous place au point où vous avez quitté FileMaker Pro. Entrez les noms de toutes les rubriques suivantes et cliquez sur la case Créer ou appuyez sur la touche <Retour> après chaque entrée, sans vous soucier pour l'instant du type de la rubrique. Définissez les rubriques suivantes :

Nom	Type
Nom	Texte
Titre	Texte
Prénom	Texte
Rue	Texte
Pays	Texte
Code postal	Texte (plus tard Nombre)
Localité	Texte
Téléphone	Texte (plus tard Nombre)
Télécopie	Texte (plus tard Nombre)

Nous ajouterons d'autres rubriques par la suite.

Après la théorie, un peu de pratique ne fait pas de mal, n'est-ce pas ? Pour voir le résultat de votre travail, cliquez sur Fin. Cette commande vous fait revenir au modèle standard de FileMaker Pro. Chaque nom de rubrique est suivi d'une case de saisie. Toutes les cases ont la même taille. Les noms sont bien alignées les uns en-dessous des autres donnant ainsi une vue d'ensemble de la fiche en un seul coup d'oeil.

Définir des rubriques

Choisir l'article Définir les rubriques dans le menu Sélection.
Entrer le nom de la rubrique.
Cliquer sur Créer ou appuyer sur la touche <Retour>.
Cliquer sur Fin pour quitter la zone de dialogue Définition de rubrique.

2.3. Modification des rubriques

La zone de dialogue Définir les rubriques affiche en bas à gauche les types de données qu'une rubrique peut contenir représentés par des cercles d'options. Vous pouvez certes sélectionner ces options au moment de définir les rubriques, avant d'appuyer sur la touche <Retour> ou de cliquer sur Créer, mais nous avons choisi de séparer ces deux actions pour les besoins de notre exercice. Les rubriques étant maintenant définies et prêtes pour la saisie, vous pouvez vous concentrer davantage sur les autres détails.

Type de rubrique

Nous allons nous arrêter quelques instants sur les spécificités de certaines rubriques. Les rubriques précédant le code postal ne requièrent aucune modification. La rubrique du code postal en revanche ne reçoit que des chiffres, de même que les rubriques Téléphone et Télécopie. Nous allons donc modifier le type de toutes les rubriques qui recevront des numéros. La liste affiche les rubriques que vous avez créées

Définir le type de rubrique

avec leurs caractéristiques respectives. Il ne vous reste plus qu'à sélectionner les rubriques à modifier.

Modifier le type de rubrique

Pour modifier le type d'une rubrique, pointez sur l'entrée correspondante dans la liste et appuyez sur le bouton de la souris. L'entrée ainsi sélectionnée s'affiche en contraste, noir et blanc ou couleur selon le type et la définition du moniteur, et s'inscrit automatiquement dans la case de saisie. La sélection prend toute la ligne. Selon ce schéma, sélectionnez la rubrique "Code postal" dans la liste. Comme nous l'avons mentionné auparavant, les rubriques peuvent contenir non seulement du texte mais aussi des nombres. Toutefois, si vous souhaitez effectuer des calculs avec les nombres contenus dans les rubriques, vous devez leur attribuer un format spécifique. Pour cela, cliquez sur le cercle d'option devant "Nombre". L'option active est indiquée par un point noir à l'intérieur du cercle. Lorsque vous sélectionnez l'option Nombre, le type Texte est inactivé et le point passe dans le cercle d'option Nombre. Un clic sur la case de commande Modifier valide le type Nombre pour la rubrique "Code postal". Contrairement aux rubriques mixtes pouvant recevoir à la fois des chiffres et du texte, le contenu des rubriques Nombre devrait être strictement réservé aux calculs.

Lorsque vous modifiez le type d'une rubrique, vous risquez de perdre une partie de son contenu. Par exemple, si le type de rubrique passe de Texte à Nombre, Date ou Heure, vous ne conserverez qu'une seule ligne de 255 caractères, la taille maximale des rubriques de ce type. Tous les autres caractères seront effacés.

Modifier le type de rubrique

Choisir l'article Définir les rubriques dans le menu Sélection.

Sélectionner la rubrique souhaitée.

Activer l'option désirée pour le type de rubrique.

Cliquer sur Modifier pour valider.

Répétez les étapes 1 à 3 pour les rubriques "Téléphone" et "Télécopie".

2.4. Accélérer la saisie

FileMaker Pro offre de nombreuses options permettant de réduire le temps de saisie et d'accroître la fiabilité des données en définissant par exemple des listes de valeurs. Pour accélérer la saisie, FileMaker Pro vous propose sous l'article Format de rubrique du menu Format quatre options d'affichage : liste, menu local, cercles d'option et cases à cocher. Ces options se divisent en deux catégories. D'une part, la liste et les cases à cocher vous permettent d'afficher plusieurs valeurs à la fois pour sélectionner l'option appropriée dans chaque fiche. Ces deux options requièrent un espace disque relativement important dans la mesure où la liste des valeurs s'affiche dans son intégralité. Les cercles d'option et le menu local en revanche ne permettent d'opter que pour une seule valeur à la fois, économisant ainsi l'espace disque.

Valeurs standard

Dans la rubrique "Titre", vous allez entrer toujours les mêmes valeurs, à savoir, Monsieur, Madame ou Mademoiselle. Les formulaires normalisés comportent en règle générale les trois formules d'adresse à la fois et il vous suffit de rayer les mentions inutiles ou de cocher la mention appropriée. Nous connaissons tous ce type de formulaires. Selon ce même principe, FileMaker Pro vous offre la possibilité de présenter une série de valeurs prédéfinies sous forme de menu local ou de listes que vous pourrez manipuler à l'aide de la souris. Pour choisir une valeur dans un menu local, procédez de la façon habituelle : pointez sur le titre du menu, choisissez une entrée, puis relâchez le bouton de la souris.

Contrairement au menu local, où l'utilisation de la souris est obligatoire, dans une liste, vous pouvez également vous servir des touches fléchées pour sélectionner l'entrée et appuyer sur la touche <Retour> pour l'insérer dans la rubrique. Mais tout d'abord, vous devez créer une liste de valeurs dans la zone de dialogue "Options d'entrée".

Passons maintenant à la pratique. Ouvrez la zone de dialogue Définir les rubriques et sélectionnez la rubrique "Titre", qui s'affiche dans la case de saisie.

Ouvrir la zone de dialogue Options d'entrée
Dans la zone de dialogue Définir les rubriques,
Cliquer sur le nom de la rubrique à modifier.
Cliquer sur Options.

"La zone de dialogue qui s'ouvre sur l'écran porte le titre Options d'entrée pour "[nom de rubrique]" de type [type]".

Options d'entrée pour "Titre" de type Texte

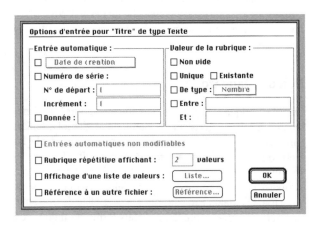

Etant donné que les options permettant d'accélérer la saisie sont définies en plusieurs étapes, nous allons résumer la démarche générale à la fin du chapitre suivant.

2.5. Formats de rubrique

La zone de dialogue qui s'ouvre sur votre écran est intitulée Options d'entrée pour "Titre" de type Texte. Lorsque vous cliquez sur la case "Affichage d'une liste de valeurs", celle-ci est cochée. Cette opération active la case de commande Liste située à droite, qui ouvre une liste de valeurs. Tapez "Monsieur", "Madame" et "Mademoiselle" en appuyant sur la touche <Retour> après chaque entrée.

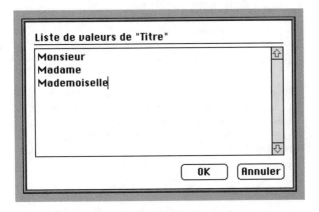

Créer une liste de valeurs sous forme de menu local

Refermez la fenêtre par un clic sur OK. La liste de valeurs est maintenant établie, mais elle n'est pas encore active, car FileMaker Pro ne sait pas encore sous quelle forme l'afficher. Toutefois, avant de définir le mode d'affichage, nous allons créer une seconde liste de valeurs selon le même schéma.

En règle générale, les dossiers sont confiés à une ou plusieurs personnes désignées à l'avance. Pour les faire figurer dans le fichier "Adresses", nous allons ajouter une rubrique Texte sous le nom "Chargé de dossier" et définir la liste de valeurs ci-dessous.

Liste de valeurs sous forme de menu local pour la rubrique "Chargé de dossier" :

① Mathilde DUPOND

② Raoul BLANC

③ Alain PREVUT

④ Josiane MERCIER

⑤ Vivianne LEROUX

⑥ Christian DESTOUR

Liste de valeurs pour la rubrique Chargé de dossier

Pour commencer, créer une nouvelle rubrique sous le nom "Chargé de dossier" dans le fichier "Adresses".

Choisir l'article Définir les rubriques et ajouter la rubrique "Chargé de dossier".

Conserver le type Texte défini par défaut.

Cliquer sur Options.

Cliquer sur la case Affichage d'une liste de valeurs.

Entrer un nom par ligne et appuyer sur la touche <Retour> pour passer à la ligne suivante.

Cliquer sur "OK" dans la liste de valeurs.

Quitter la zone de dialogue Options d'entrée.

Retour en mode Utilisation.

Options d'affichage d'une liste de valeurs

Pour afficher les valeurs sous forme de menu local ou de liste, vous devez tout d'abord associer le format voulu à la rubrique correspondante. Pour ce faire, activez le mode Modèle dans le menu Sélection. La zone de travail change d'aspect. La zone d'état affiche un certain nombre d'outils supplémentaires, tandis que le nom des rubriques apparaît une seconde fois dans la case de saisie correspondante. Comme d'habitude, vous devez tout d'abord activer la rubrique sur laquelle portera l'opération. Cliquez à l'intérieur de la rubrique "Titre" et non pas sur son nom. Les poignées de sélection s'affichent dans les coins du cadre. Ouvrez ensuite le menu Format et choisissez l'article Format de rubrique.

Zone de dialogue Format de rubrique

La zone de dialogue qui s'ouvre sur votre écran est intitulée Format de rubrique de "Titre". Cochez la case "Afficher les valeurs sous forme de" et ouvrez le menu local. Celui-ci vous propose quatre modes d'affichage : liste, menu local, cercles d'option et cases à cocher. Pointez sur "liste" et faites glisser le pointeur sur "menu local", puis relâchez le bouton de la souris. L'article "menu local" se substitue à "liste". Quittez la zone de dialogue par un clic sur OK. La liste de valeurs associée à la rubrique "Titre" s'affichera désormais sous forme de menu local. De retour au modèle, choisissez l'article Utilisation dans le menu Sélection.

Définir une liste de valeurs

Choisir l'article Définir les rubriques dans le menu Sélection.

Sélectionner la rubrique "Titre" en conservant le type Texte prédéfini.

Cliquer sur Options.

Cocher la case "Affichage d'une liste de valeurs".

Cliquer sur Liste

Entrer une valeur par ligne et appuyer sur la touche <Retour> .

Cliquer sur OK pour quitter la liste de valeurs.

Cliquer sur OK pour quitter la zone de dialogue Options d'entrée.

Répéter l'opération pour la rubrique "Chargé de dossier"

Cliquer sur Fin.

Pour associer les listes de valeurs aux rubriques correspondantes, exécutez les opérations résumées ci-dessous en mode Utilisation.

Définir le format de rubrique

Passer en mode Modèle.

Cliquer dans la rubrique souhaitée.

Choisir l'article Format de rubrique dans le menu Format.

Cocher la case "Afficher les valeurs sous forme de : liste".

Choisir l'article "menu local".

Cliquer sur OK pour quitter la zone de dialogue Format de rubrique.

Passer en mode Utilisation.

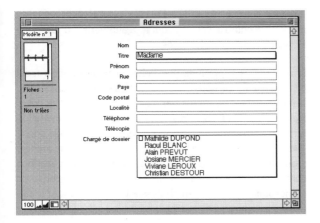

*Menu
local en
mode
Utilisation*

2.6. Entrée automatique des données

De même, vous pouvez définir des valeurs standard pour la rubrique "Pays". Définissez une liste de valeurs sous forme de menu local avec les symboles des différents pays, comme par exemple D, A, H, F, GB, I, etc... En plus de la liste de valeurs pour les pays étrangers, sélectionnez l'option "Donnée" dans la zone de dialogue Options d'entrée et spécifiez le symbole de votre pays dans la case de saisie. De cette façon, la rubrique "Pays" affichera systématiquement un F pour la France, qui pourra au besoin être remplacé par une valeur contenue dans la liste associée. L'entrée dans la rubrique "Pays" s'effectuera donc automatiquement.

Pour terminer cette brève incursion dans la définition des rubriques, nous allons créer une rubrique Nombre, ainsi qu'une rubrique Date sous le nom "Date de création". Dans la rubrique Nombre, nous allons définir un compteur, qui se chargera de numéroter les adresses de façon automatique, sinon, à quoi servirait-il d'avoir un Macintosh ? Ouvrez la zone de dialogue Définir les rubriques et créez une nouvelle

*Rubriques
Nombre et
Date*

39

rubrique sous le nom "N". Dans la première fiche, cette rubrique prendra la valeur 1, qui sera augmentée d'une unité à chaque nouvelle fiche créée.

Lorsque vous supprimez une fiche, la numérotation n'est pas ajustée, ce qui vous évite d'avoir des numéros en double. Dans un fichier de clients par exemple, chaque fiche devra bien évidemment conserver toujours le même numéro de référence. Ce type de gestion présente un avantage considérable dans la mesure où il offre à l'utilisateur un modèle d'organisation souple et diversifié. Dans les applications complexes, vous pouvez mettre au point un système de numérotation cyclique en choisissant soigneusement le numéro de départ.

Numéro de série

Ouvrir la zone de dialogue Définir les rubriques et créer une nouvelle rubrique sous le nom "N".

Cliquer sur l'option Nombre pour définir le type de la rubrique.

Le cercle d'option est activé.

Cliquer sur Options.

Cocher la case "Numéro de série".

Les cases de saisie "Numéro de départ" et "Incrément" affichent la valeur 1.

Conserver les valeurs par défaut.

Cliquer sur OK pour revenir dans la zone de dialogue Définir les rubriques.

Dans ce contexte, il faut faire la distinction entre les attributs de texte, que l'on appelle également des formats, et le format de rubrique que nous venons de décrire.

2.7. Format de date

Nous allons maintenant créer une rubrique qui indiquera la date de création de chaque fiche en abrégeant le mois. Cette rubrique affichera la date telle qu'elle a été spécifiée.

Créer une rubrique Date

Créer une nouvelle rubrique sous le nom "Date de création".

Cliquer sur l'option "Date" pour le type de rubrique.

Le cercle d'option est activé.

Cliquer sur Créer.

Cliquer sur Options et sélectionnez Date de création sous Entrée automatique.

Cocher la case Entrées automatiques non modifiables.

Cliquer sur OK pour revenir en mode Utilisation.

Pour formater une rubrique Date, FileMaker Pro met à votre disposition un choix d'options que vous pouvez sélectionner à l'aide de la souris. Pour y accéder, passez en mode Modèle, activez la rubrique concernée, puis choisissez l'article Format de date dans le menu Format, ou faites un double-clic dans la rubrique. La zone de dialogue qui s'ouvre sur votre écran vous propose soit de conserver la date telle quelle, soit de définir le format de votre choix. L'option Format affiche deux menus locaux pour vous permettre de choisir le format voulu. Pour vous permettre de personnaliser le format de date, l'article Autre du menu local ouvre une seconde zone de dialogue avec un menu local pour chaque élément de la date. La manipulation des menus locaux n'a plus de secret pour vous. Expérimentez donc vous-mêmes les différentes possibilités qui vous sont offertes pour la mise en forme des dates.

Formatage d'une rubrique Date

Définir un format de date

Choisir l'article Modèle dans la menu Sélection.

Faire un double-clic dans la rubrique "Date de création".

Choisir l'article Format de date dans le menu Format et sélectionner les options voulues dans la zone de dialogue.

Cliquer sur OK pour revenir dans la zone de travail.

Formatage d'une rubrique Nombre

Les rubriques Nombre peuvent contenir à la fois du texte et des nombres. Bien que ce mélange soit très peu courant, nous allons dire quelques mots sur la façon dont FileMaker Pro traite les entrées alphanumériques dans les rubriques Nombre.

Les formats proposés par FileMaker Pro pour les rubriques Nombre vous permettent de représenter leur contenu sous forme de montant ou de pourcentage, ou sur fond rouge pour les valeurs négatives. Si vous entrez des données alphanumériques dans une rubrique Nombre, les fragments de texte apparaissant devant ou après les valeurs numériques seront ignorés. Lorsque vous éditez une telle rubrique, son contenu s'affiche sous forme de texte et non pas dans le format Nombre. Expérimentez vous-mêmes les différents choix proposés afin d'adapter les possibilités offertes par FileMaker Pro à vos besoins spécifiques.

FileMaker Pro permet de créer un nombre de rubriques suffisant pour tous les besoins. Vous pourrez donc entrer le texte associé aux nombres dans une rubrique à part. Dans la pratique, les entrées mixtes dans les rubriques Nombre sont fortement déconseillées.

3.   Lettre type et étiquettes

La saisie des adresses est conditionnée par la structure du fichier que vous avez définie en créant les rubriques. Les entrées automatiques peuvent être remplacées par d'autres valeurs, sauf si vous avez sélectionné l'option Entrées automatiques non modifiables dans la zone de dialogue Options d'entrée. Nous allons résumer rapidement les principaux aspects liés aux types des rubriques et aux modalités de saisie.

La saisie de données dans les rubriques Texte s'effectue comme dans un traitement de texte. Il suffit pour cela de placer le point d'insertion dans la rubrique voulue et de taper le texte sur le clavier. Un fragment de texte sélectionné peut être remplacé directement en écrivant par dessus. Une rubrique Texte peut recevoir toutes sortes d'entrées jusqu'à 32 760 caractères, ce qui correspond à environ 7 pages. Cette taille est largement suffisante pour introduire une présentation générale, comme par exemple une description de produits. Les rubriques Nombre peuvent en principe recevoir toutes sortes d'entrées mais sa taille est limitée à 255 caractères ce qui correspond à un nombre de deux chiffres 2^8. Le 256ème caractère est réservé à FileMaker Pro. La saisie des rubriques Nombre est tout aussi simple que dans les rubriques Texte. Etant donné la possibilité d'ajouter du texte dans les rubriques Nombre, vous devez vous conformer à un certain nombre de règles de saisie.

Texte

Si vous entrez des données mixtes dans une rubrique Nombre, FileMaker Pro ignore les fragments de texte lorsqu'il effectue un calcul ou une statistique. Dans une requête en revanche, le contenu des rubriques Nombre est pris globalement. L'exemple le plus représentatif d'une entrée mixte

Nombre

est la rubrique du numéro de téléphone, où les chiffres sont séparés par un tiret ou un point.

Si vous ajoutez une nouvelle rubrique avec l'option "Numéro de série" dans une fiche qui ne contient pas encore de données, l'option "Incrément" n'entre en action qu'à partir de la fiche suivante. Les fiches déjà saisies ne seront pas numérotées. Si vous supprimez une fiche, la numérotation dans le répertoire est mise à jour. Le numéro de série en revanche reste inchangé, ce qui élimine le risque d'une double numérotation dans les références des clients.

Date

Les rubriques Date n'acceptent que des dates complètes. Vous ne pouvez pas combiner plusieurs types de données comme dans les rubriques Nombre. Lorsque vous éditez une rubrique Date, son contenu s'affiche tel quel. Le format que vous lui avez attribué ne s'applique qu'en dehors de l'édition.

Présentation des données en mode Utilisation

Opération	Action
Editer	Dérouler le menu Edit.
Créer une nouvelle fiche	Choisir l'article Nouvelle fiche
Supprimer une fiche	Choisir l'article Supprimer la fiche
Supprimer plusieurs fiches à la fois	Choisir l'article Supprimer les fiches trouvées
Dupliquer une fiche	Sélectionner la fiche et choisir l'article Dupliquer la fiche
Entrer du texte	Activer la rubrique et taper le texte au point d'insertion
Entrer des nombres	Même démarche que pour le texte. Les nombres entrés dans les rubriques peuvent être pris dans les calculs.

Entrer des dates	Utiliser le format "jj.mm.aa" ou choisir l'article Format de date dans le menu Format. Les dates peuvent être utilisées dans des calculs.
Entrer l'heure	Format hh:mm:ss. Les indications de l'heure peut être utilisées dans des calculs.
Insérer des images	Activer une rubrique Image et choisir l'article Coller pour les images stockées dans le Presse-papiers, ou Importer pour les formats MacPaint, PICT et TIFF.
Valeurs sous forme de liste	Activer la rubrique. Lorsque la liste apparaît, sélectionner l'entrée voulue à l'aide des touches fléchées et appuyer sur la touche <Retour> pour l'insérer dans la rubrique. La touche <Esc> annule la sélection.
Déplacement	Cliquer dans une rubrique, appuyer sur la touche <Tab> pour passer à la rubrique suivante ou sur <Majuscule>+<Tab> pour revenir dans la rubrique précédente.
Ou	Cliquer sur les pages du répertoire. La page inférieure vous fait passer à fiche suivante, tandis que la page supérieure vous fait revenir à la fiche précédente.
Ou	Faire glisser le curseur du répertoire jusqu'à la page voulue.

Affichage sous forme de liste	Choisir l'article Afficher sous forme de liste dans le menu Sélection pour visualiser la liste dans le format en vigueur.
Définir les rubriques	Entrer le nom de la rubrique et cliquer sur Créer ou sélectionner une rubrique dans la liste et définir le type voulu. Faire un double-clic dans la rubrique voulue et définir les options d'entrée dans la zone de dialogue.

Fonctions en mode Modèle

Le mode Modèle comporte des fonctions spécifiques qui ne peuvent être exécutées que si vous avez défini des rubriques au préalable. Une même rubrique peut figurer plusieurs fois sur un modèle. Pour insérer une nouvelle rubrique, faites glisser l'outil Rubrique à l'endroit voulu, choisissez un nom dans la liste qui s'affiche sur l'écran et ajoutez le titre en cas de besoin.

Rubriques Calcul

Pour créer une rubrique Calcul, ouvrez la zone de définition, tapez le nom de la rubrique et cliquez successivement sur Calcul et sur Créer. Dans la zone de dialogue qui s'ouvre sur votre écran, composez la formule souhaitée en cliquant successivement sur les noms de rubrique, opérateurs et fonctions souhaités, puis sélectionnez le type de résultat dans le menu local situé dans la partie inférieure de la zone de dialogue.

Les rubriques Calcul affichent le résultat d'un calcul sous forme de texte, de nombre, de date ou d'heure. Ce résultat est obtenu à l'aide des fonctions, constantes et données contenues dans les rubriques d'une même fiche. Par exemple, la date d'échéance est calculée en ajoutant le délai de paiement à la date de facture : Date d'échéance = Date de facture + 30 jours.

Liste de valeurs

Pour créer une liste de valeurs, ouvrez la zone de définition, sélectionnez la rubrique voulue et cliquez sur Options. Dans la zone de dialogue Options d'entrée, cliquez sur "Affichage d'une liste de valeurs" puis entrez les valeurs dans la liste qui s'ouvre sur votre écran en appuyant sur la touche <Retour> après chaque entrée.

Rubrique Statistiques

Pour créer une rubrique Statistiques ouvrez la zone de définition, tapez le nom de la rubrique, et cliquez successivement sur Statistiques et sur Créer. Dans la zone de dialogue qui s'ouvre sur votre écran, sélectionnez l'opération voulue et la rubrique concernée dans les menus locaux.

Contrairement aux rubriques Calcul, dont les opérations sont limitées à une seule fiche, les calculs statistiques portent sur un ensemble des fiches. Son contenu dépend de sa position dans le modèle. Les rubriques Statistiques peuvent contenir des totaux, des moyennes des valeurs minimum et maximum ou des écarts-type. Exemple : le chiffre d'affaires et le bénéfice brut par article pour le mois de décembre.

Date/Heure	Insère la date ou l'heure courante
Index	Insère une valeur contenue dans l'index

Rubriques répétitives

Les rubriques répétitives se composent de plusieurs cases formant un objet unitaire sur le modèle. Le format de texte et les options s'appliquent globalement à tous les éléments d'une rubrique répétitive. Les calculs et les statistiques prennent en compte toutes ses valeurs, même si elles ne sont pas visibles.

Recopier

Placez le point d'insertion dans la rubrique de votre choix ou sélectionnez les éléments à modifier dans une rubrique. Puis choisissez successivement les articles Coller spécial dans le menu Edit. et Recopier dans le sous-menu. Cette opération a pour effet de remplacer le contenu de la rubrique courante par celui de la rubrique précédente.

Formater le contenu d'une rubrique

Passez en mode Modèle, activez la rubrique voulue, sélectionnez le texte et sélectionnez les options souhaitées pour la police de caractères, le corps, le style, la couleur, etc... dans les zones de dialogue du menu Format.

Formats spécifiques

Menu Format

Choisissez le type de format souhaité : Format de nombre, Format de date, Format d'heure ou Format d'image.

Affichage d'une liste de valeurs

Passez en mode Modèle, activez la rubrique souhaitée, puis choisissez l'article Format de rubrique dans le menu Format. Dans la zone de dialogue qui s'ouvre sur votre écran, cochez la case Afficher les valeurs sous forme de ... et choisissez le mode d'affichage voulu dans le menu local : liste, menu local, cases à cocher ou cercles d'option.

Rubriques répétitives

Créez une nouvelle rubrique ou activez une rubrique existante, puis cliquez sur Options. Dans la zone de dialogue qui s'ouvre sur votre écran, cochez la case Rubrique répétitive affichant [n] valeurs et entrez le nombre de valeurs souhaité dans la case de saisie.

Cadre de rubrique

Choisissez l'article Cadre de rubrique dans le menu Format. Dans la zone de dialogue, cochez les options correspondant au cadre souhaité, choisissez Trait dans le menu local, puis définissez les attributs de votre choix dans les palettes correspondantes et cliquez sur OK.

Ligne de base

Choisissez l'article Cadre de rubrique dans le menu Format. Dans la zone de dialogue, cochez la case Ligne de base, choisissez Base dans le menu local Format, définissez les attributs souhaités dans les palettes correspondantes, puis cliquez sur OK.

Motif de fond

Choisissez l'article Cadre de rubrique dans le menu Format. Dans la zone de dialogue qui s'ouvre sur votre écran, choisissez Fond dans le menu local Format. Ensuite, définissez les attributs souhaités dans les palettes déroulantes.

Nous allons maintenant conclure les préparatifs et passer à la saisie de données. Vous vous trouvez en mode Utilisation et le compteur de fiches se trouve au point 0. La fenêtre est vide. Avant d'entrer vos propres adresses, nous allons saisir une première fiche ensemble pour nous assurer que les informations s'enchaînent de façon logique.

Nouvelle fiche

Pour commencer, choisissez l'article Nouvelle fiche dans le menu Edit.. Dans les rubriques qui font l'objet d'une entrée automatique FileMaker Pro génère les valeurs prédéfinies. Celles-ci sont déjà formatées et comportent les attributs de texte spécifiques au type de rubrique. Les données que vous allez entrer doivent être claires et sans ambiguïté. Chaque adresse ne doit apparaître qu'une seule fois. Les fiches contenant des noms identiques se distinguent par leur numéro de série qui s'affiche dans la rubrique "N°".

Numéro de série

La première fiche doit recevoir la valeur 1. Comparez le contenu de la rubrique "N°" avec le numéro de fiche dans le répertoire. S'ils présentent tous les deux la valeur 1, le décompte est correct. En revanche, si la rubrique "N°" ne comporte aucune valeur, éliminez cette première fiche avec l'article Supprimer la fiche du menu Edit.. La zone de travail se vide entièrement et le compteur du répertoire est positionné sur 0. Choisissez l'article Définir les rubriques dans le menu Sélection, activez la rubrique "N°" dans la liste et cliquez sur Options. Dans la zone de dialogue Options d'entrée, tapez "1" dans la case de saisie N° de départ, puis revenez en mode Utilisation. Lorsque vous choisissez l'article Nouvelle fiche dans le menu Edit., l'option Incrément génère la valeur 1 dans la rubrique du compteur.

La première adresse

Nous allons maintenant saisir la première adresse. Pour cela, choisissez l'article Nouvelle fiche dans le menu Edit.. La fenêtre affiche les noms des rubriques avec les cases de saisie correspondantes. Le point d'insertion clignote dans la première rubrique. La rubrique courante est indiquée par un contour plein. Toutes les autres rubriques affichent pour l'instant un contour pointillé. Pour passer à la rubrique suivante, appuyez sur la touche <Tabulation>. Si vous souhaitez laisser une rubrique vide, appuyez une nouvelle fois sur la touche <Tabulation> pour passer à la rubrique suivante. Si vous avez associé une liste de valeurs à une rubrique, choisissez l'entrée souhaitée dans la liste.

Entrez les valeurs suivantes dans la première fiche :

```
MERCIER <Tab> Mademoiselle <Tab> Josiane
<Tab> 12, allée des Tilleuls <Tab> F <Tab>
75020 <Tab> PARIS <Tab> 42 28 94 16 <Tab>
42 33 18 20 <Tab> Alain PREVUT.
```

Recommencez l'opération pour la fiche suivante, et ainsi de suite. FileMaker Pro enregistre les données au fur et à mesure de la saisie. Si vous souhaitez entrer les données dans un ordre différent, FileMaker Pro vous permet de redéfinir l'ordre de tabulation dans chaque modèle au moyen de l'article Ordre de tabulation du menu Objet. Pour utiliser les commandes de ce menu, vous devez tout d'abord passer en mode Modèle. La commande Ordre de tabulation insère des flèches numérotées devant chaque rubrique. Ces flèches ont la même forme que celle de la touche <Tabulation> sur le clavier, tandis que les numéros indiquent l'ordre de déplacement d'une rubrique à l'autre en appuyant sur la touche <Tabulation>.

Ordre de tabulation

L'article Ordre de tabulation ouvre une zone de dialogue qui propose deux options, ainsi qu'une case de commande pour rétablir l'ordre par défaut. Par défaut, FileMaker Pro vous propose de "Modifier l'ordre courant". Cliquez sur la flèche voulue pour l'activer, puis entrez le numéro de votre choix. Le nombre total des rubriques est indiqué en-dessous : 12 sur 12. FileMaker Pro refuse tout numéro supérieur à ce total. Vous devez donc spécifier des valeurs dans la limite des rubriques existantes. Lorsque vous tapez un chiffre sur une flèche, il apparaît en double. FileMaker Pro échange les valeurs et redéfinit l'ordre des tabulations dès que vous passez à la flèche suivante. Si vous souhaitez rétablir l'ordre de tabulation prédéfini, cliquez sur la case Ordre par défaut.

Modifier l'ordre de tabulation courant

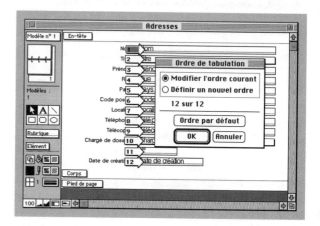

Définir un nouvel ordre

Passez en mode Modèle, déroulez le menu Objet et choisissez l'article Ordre de tabulation. Dans la zone de dialogue qui s'ouvre sur votre écran, sélectionnez l'option Définir un nouvel ordre. Celle-ci efface tous les numéros sur les flèches. Avec la souris, renumérotez les flèches dans l'ordre voulu, puis cliquez sur OK pour confirmer. La touche <Tabulation> vous fera désormais passer de rubrique en rubrique dans l'ordre que vous avez défini.

Liste de valeurs pour la rubrique Titre

Au cours de la saisie, on s'aperçoit que les valeurs "Monsieur", "Madame" et "Mademoiselle" de la rubrique "Titre" ne s'adaptent pas dans tous les cas. Pour étendre le choix, nous vous proposons de définir la valeur "Société" parallèlement à la liste existante. Ouvrez la zone de dialogue Définir les rubriques sélectionnez la rubrique Titre puis cliquez sur Options. Dans la zone de dialogue Options d'entrée, tapez "Société" dans la case de saisie Donnée. Cette entrée sera automatiquement reportée dans la rubrique Titre de toutes les fiches à venir, mais vous pouvez bien sûr la remplacer au besoin par une autre valeur.

Entrez maintenant les fiches ci-dessous. Le caractère supérieur (>) symbolise l'appui sur la touche <Tabulation>. Pour le signe "+", choisissez l'article Nouvelle fiche dans le menu Edit..

Exemples de fiches dans "Adresses"

Jusqu'ici, nous avons saisi une première fiche avec le contenu suivant :

```
MERCIER > Mademoiselle > Josiane > 12, al-
lée des Tilleuls > F > 75020 > PARIS > (1)
42 28 94 16 > (1) 42 33 18 20 > Yves PREVUT.
```

Entrez maintenant les fiches suivantes :

```
DUPOND> Madame> Mathilde> 15, rue Vaugi-
rard> F > 75015> PARIS> (1) 44 59 02 28>
(1) 44 59 99 26> Raoul BLANC+
```

```
BLANC> Monsieur> Raoul> 15, rue Quincam-
poix> F> 75004> PARIS> (1) 48 79 01 14> (1)
48 79 01 55> Mathilde DUPOND+
```

```
DATALOG> Société> 48, rue Charles de Fitte>
F> 31000> TOULOUSE> 61 27 85 23> 61 26 54
87> Mathilde DUPOND+
```

```
PRODUCTIQUE> Société> 12, rue Copeau> F>
75020> PARIS > (1) 48 85 23 68 > (1) 48 85
71 23> Mathilde DUPOND+
```

```
ADN Informatique> Société> 14, rue Sainte-
Geneviève> F> 93211 BOBIGNY> (1) 48 52 36
98> (1) 45 14 78 36> Mathilde DUPOND+
```

```
SYNERGIE INFORMATIQUE> Société> ZAC des
Vignes> F> 91500> EVRY> (1) 68 25 36 87>
(1) 69 52 14 78> Josiane MERCIER+

INFOLOG> Société> 28, avenue de l'Océan> F>
78547> CREIL> (1) 54 87 21 36> (1) 54 89 36
41> Alain PREVUT+

INFORAMA> Société> Parc technologique du Ca-
nal> F> 91254> LES ULIS> (1) 69 58 74 12>
(1) 63 25 47 85> Raoul BLANC+

ComPro Innovation & Cie> Société> 83, Rue
de Compatible BP 781> F> 13742> Vitrolles
Cedex> 24 57 48 11> 24 57 48 44> Josiane
MERCIER.
```

Ces fiches nous serviront de base dans tous les exercices.

3.1. Enregistrer une copie

Comme vous l'avez sans doute remarqué, les fiches sont enregistrées automatiquement au fur et à mesure. C'est une spécificité des bases de données. Votre fichier est donc continuellement mis à jour sans aucune intervention de votre part.

Dans la pratique toutefois, cette fonction s'avère parfois quelque peu rigide. Si vous souhaitez entreprendre des modifications importantes ou archiver un fichier, vous pouvez contourner l'enregistrement automatique et sauvegarder les données sous trois formes différentes :

① Copie conforme

② Copie compactée

③ Clone sans fiche

Copie conforme

Cette option vous permet de sauvegarder l'ensemble du fichier sans avoir à quitter FileMaker Pro, en créant une réplique exacte de toutes les fiches, modèles et données qu'il contient. Cela revient à copier un fichier sur une disquette sous le Finder. Pour réaliser une copie conforme, choisissez l'article Enregistrer une copie dans le menu Fich.. Dans la zone de dialogue qui s'ouvre sur votre écran, choisissez Copie conforme dans le menu local Forme, entrez le nom du fichier dans la case de saisie et cliquez sur OK.

Copie compactée

Si vous souhaitez archiver une base de données, sauvegardez votre fichier sous forme compactée. Cette forme d'enregistrement vous permet non seulement de comprimer les données mais aussi de vérifier leur intégrité pour procéder, le cas échéant, à leur récupération. Une copie compactée s'ouvre comme tout autre fichier. Pour créer une copie compactée, choisissez l'article Enregistrer une copie dans le menu Fich.. Dans la zone de dialogue qui s'ouvre sur votre écran, ouvrez le menu local Format et choisissez Copie compactée, entrez le nom du fichier et cliquez sur OK.

Avant de générer une copie compactée, nous vous conseillons de créer une copie conforme. En comprimant un fichier, FileMaker Pro élimine toutes les fiches qui n'ont pas été correctement enregistrées. Si vous doutez de l'intégrité de votre fichier, effectuez pour toute sécurité une copie conforme avant de comprimer. De cette façon, vous pourrez éventuellement sauver les fiches éliminées par FileMaker Pro à défaut de pouvoir les lire.

Clones sans fiches

Cette option permet d'enregistrer une copie du fichier sans les fiches qu'il contient. Le fichier qui en résulte conserve tous les éléments du fichier original (modèles, définitions de rubriques, valeurs standard et options d'impression) à l'exception des données. Vous pourrez ensuite appliquer cette structure à un autre fichier en modifiant le clone selon vos besoins. Le fichier d'origine reste intact.

Pour créer un clone, choisissez l'article Enregistrer une copie dans le menu Fich.. Dans la zone de dialogue qui s'ouvre sur votre écran, choisissez Clone sans fiches dans le menu local Forme.

Zone de dialogue Enregistrer une copie

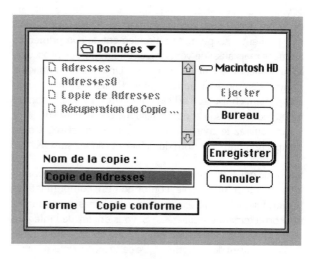

Vous pouvez soit conserver le nom proposé dans la case de saisie, soit entrer un nouveau nom. La case de commande Enregistrer étant activée, il vous suffit d'appuyer sur la touche <Retour> pour lancer l'opération.

Enregistrer une copie

Choisir l'article Enregistrer une copie dans le menu Fich..

Entrer le nom du clone.

Sélectionner le lecteur et le dossier de destination dans la zone de dialogue.

Choisir Clone sans fiches dans le menu local Forme.

Appuyer sur la touche <Retour> ou cliquer sur Enregistrer.

En ouvrant le clone en mode Utilisation, vous allez obtenir un fichier vide qui reproduit la structure du fichier d'origine avec les définitions de rubriques, y compris les options d'entrée, les modèles, les boutons et les valeurs standard. Vous pouvez donc commencer tout de suite à saisir les fiches en choisissant l'article Nouvelle fiche du menu Edit..

Numéros de série dans un clone

Vous allez toutefois constater une anomalie dans la rubrique "N*". En effet, la numérotation définie avec l'option Numéro de série se poursuit à partir de la dernière valeur du fichier d'origine. Pour plus de détails sur cette option, reportez-vous au chapitre précédent, qui fournit une description en contexte.

3.2. Vérification orthographique

Langues

A l'instar des plus grandes entreprises, le concepteur de FileMaker Pro a pris le soin d'adapter ses produits aux normes de la communication internationale. En plus du dictionnaire intégré portant sur la langue du pays, Claris propose une série de dictionnaires pour l'anglais, l'allemand avec l'orthographe normalisée de chaque langue. Par ailleurs, le dictionnaire anglais tient compte des spécificités orthographiques britanniques et américaines. La vérification orthographique intègre à la fois les aspects phonétiques et orthographiques. Grâce à ce principe de fonctionnement, le dictionnaire, ainsi que la vérification orthographique atteignent un haut niveau de performance.

Domaines de vérification

Les dictionnaires sont normalisés à l'échelle des produits Claris. Ainsi, MacDraw II 1.1, MacProject 2.0, MacWrite II et File Maker Pro utilisent les mêmes dictionnaires. De plus, Claris vous offre la possibilité d'adapter ces dictionnaires à votre domaine particulier. Vous pouvez ainsi consigner tous les termes scientifiques et techniques, ainsi que les noms propres spécifiques à votre domaine dans le dictionnaire utilisateur. La vérification orthographique porte sur les graphiques, les présentations de produits et plus généralement sur tous les documents écrits que vous échangez avec vos partenaires commerciaux dans un espace linguistique donné. Dans FileMaker Pro, la vérification orthographique s'applique aussi bien aux fiches qu'aux textes d'accompagnement contenus dans les modèles.

Installer les dictionnaires

Lorsque vous lancez une vérification orthographique, File-Maker Pro recherche les dictionnaires dans le dossier de l'application. S'il ne les trouve pas, il examine le dossier Claris, puis le dossier Système. Si vous avez placé vos dictionnaires dans un lecteur, FileMaker Pro les localise sans aucune difficulté. Comme nous l'avons mentionné auparavant, le dictionnaire intégré propose un large éventail de termes couvrant tous les domaines d'intérêt général de la langue française. Il contient environ 100 000 mots. Malgré la diversité des termes proposés, le dictionnaire principal ne saurait être exhaustif, car chaque secteur d'activité a sa propre terminologie. Pour en rendre compte, vous pouvez stocker dans le dictionnaire utilisateur non seulement la terminologie technique d'usage dans votre secteur d'activité, mais aussi les noms propres que vous utilisez dans votre correspondance quotidienne. FileMaker Pro vous permet de gérer plusieurs dictionnaires pour les différentes langues utilisées. Si vous en êtes à votre premier produit Claris, vous devrez tout d'abord constituer votre dictionnaire utilisateur. Cette opération est comparable à la création d'un nouveau fichier dans FileMaker Pro.

Pour déclencher la vérification orthographique, déroulez le menu Edit., faites glisser le pointeur sur l'article Orthographe et choisissez l'article voulu dans le sous-menu. La zone de dialogue Orthographe est illustrée dans les pages suivantes. Pour vérifier le texte d'accompagnement dans les modèles, vous devez tout d'abord activer le mode Modèle.

Le sous-menu Orthographe

Vérifier la sélection...

Cette commande vérifie l'orthographe de la sélection et affiche les résultats dans la zone de dialogue Orthographe.

Vérifier la fiche...

Cette commande vérifie l'orthographe des rubriques Texte et Nombre de la fiche activée en mode Utilisation et présente les résultats dans la zone de dialogue Orthographe.

Vérifier le modèle...

Cette commande vérifie le texte d'accompagnement dans les modèles. Les résultats sont traités comme précédemment. Pour déclencher la vérification, vous devez passer en mode Modèle. Dans le menu Edit., l'article Vérifier la fiche est remplacé par Vérifier le modèle.

Vérifier les fiches trouvées...

Cette commande vérifie l'orthographe dans les rubriques Texte et Nombre d'une sélection de fiches à l'exception des modèles.

Orthographes proposées

Cette commande affiche les mots d'orthographe douteuse dans la zone de dialogue Orthographe. En mode modèle, l'article est disponible uniquement lorsque la vérification orthographique en cours de frappe est activée et que le dernier mot tapé ne figure dans aucun dictionnaire.

Options...

Cette commande ouvre une zone de dialogue permettant de demander la vérification orthographique en cours de frappe et de spécifier la position de la zone de dialogue Orthographe.

Installer le dictionnaire...

Cette commande ouvre la zone de dialogue Installer le dictionnaire, illustrée dans la figure ci-dessous, pour vous permettre de désigner le dictionnaire à utiliser ou à créer.

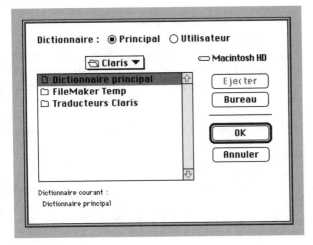

Zone de dialogue Installer le diction- naire

Dictionnaire utilisateur...

Cette commande ouvre une zone de dialogue permettant d'enrichir le dictionnaire utilisateur. Pour entrer de nouveaux mots, cliquez sur Ajouter. En revanche, si vous désirez supprimer une entrée du dictionnaire, cliquez sur Supprimer.

Pour ouvrir la zone de dialogue Installer le dictionnaire, déroulez le menu Edit. et faites glisser le pointeur sur l'article Orthographe. La flèche située à droite de l'article indique la présence d'un sous-menu, qui propose des choix supplémentaires. L'article Installer le dictionnaire ouvre une zone de dialogue dans laquelle vous pouvez installer, en plus du dictionnaire principal de votre langue, le dictionnaire utilisateur qui servira de base à la vérification orthographique. Les deux options situées en haut de la zone de dialogue vous permettent de charger les deux dictionnaires. Pour installer le dictionnaire utilisateur, cliquez sur l'option Utilisateur, puis sur la case Créer qui s'affiche en bas à droite. Cette commande ouvre une nouvelle zone de dialogue vous permettant de spécifier le nom du dictionnaire. Entrez le nom de votre choix dans la case de saisie et cliquez sur Enregistrer. Le nouveau dictionnaire est ainsi ouvert et placé dans le dossier Claris. Si vous utilisez des dictionnaires répartis dans plusieurs dossiers, cette zone de dialogue vous permettra de localiser le dictionnaire voulu avant de lancer la vérification.

Vérification orthographique

Pour effectuer une vérification orthographique, choisissez Orthographe dans le menu Edit. et précisez le type de vérification dans le sous-menu. A titre d'exemple, nous allons choisir l'article Vérifier les fiches trouvées. Cette commande ouvre la zone de dialogue Orthographe (voir figure suivante). Une fois la vérification lancée, FileMaker Pro examine toutes les rubriques de la première fiche trouvée selon l'ordre de tabulation défini, en comparant chaque mot avec les entrées du dictionnaire principal. Lorsqu'il rencontre un mot qui ne figure pas dans le dictionnaire, il l'inscrit dans la case Mot et affiche une liste de suggestions pour vous permettre de corriger l'erreur. Si vous souhaitez remplacer le mot par une entrée de la liste, sélectionnez-le à l'aide de la souris, puis cliquez sur Remplacer ou appuyez sur la touche <Retour>. Si vous ne souhaitez pas utiliser la souris, entrez l'équivalent clavier correspondant situé à gauche de l'entrée. La recherche se poursuit et FileMaker Pro inscrit l'un après l'autre tous les mots inconnus dans la case correspondante. Si vous souhaitez ajouter un nouveau mot dans le dictionnaire, cliquez sur Garder. Mais avant, vérifiez une dernière fois l'orthographe, car le nouveau mot servira désormais dans toutes les vérifications à venir. Si un mot est signalé comme douteux, une abréviation par exemple, mais vous voulez le conserver sans pour cela l'intégrer dans le dictionnaire, cliquez sur Passer. Lorsqu'un mot est signalé douteux et qu'il n'y a aucune suggestion, corrigez-le dans la case Mot. Si vous souhaitez vérifier son exactitude, cliquez sur Vérifier. Pour interrompre la vérification, cliquez sur Annuler. En-dessous de la liste,

FileMaker Pro indique le nombre de mots vérifiés ainsi que le nombre de mots signalés douteux. Un simple clic sur le levier situé en bas à droite affiche le mot douteux dans son contexte. Une fois la vérification orthographique terminée, la case de commande Remplacer reçoit l'inscription Fin. Cliquez dessus pour refermer la fenêtre.

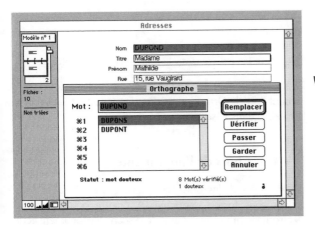

Vérification orthographique sous FileMaker Pro

Vérifier l'orthographe

Activer le mode Utilisation ou Modèle selon le cas.

Choisir l'article Orthographe dans le menu Edit. et déterminer l'objet de la vérification dans le sous-menu.

Choisir   Vérifier la sélection...

             Vérifier la fiche...

             Vérifier les fiches trouvées...

             Vérifier le modèle...

Pour terminer la vérification, appuyer sur la touche <Retour> ou cliquer sur Fin.

Corriger l'orthographe

Passez en mode Utilisation.

Choisissez l'article Orthographe dans le menu Edit. et Vérifier les fiches trouvées... dans le sous-menu.

Lancez la vérification.

La case Mot affiche "DUPOND". Cliquez sur Garder pour l'intégrer dans le dictionnaire.

La case Mot affiche "PARIS". Cliquez sur Garder.

Pour la fiche n° 6

Pour tous les autres mots signalés

Cliquez sur Fin pour terminer la vérification orthographique.

Passez maintenant en mode Modèle et choisissez successivement l'article Orthographe dans le menu Edit. et Vérifier le modèle dans le sous-menu.

3.3. Choix de l'imprimante

Les modèles et les données stockées dans la base sont utilisés sous forme imprimée. A l'heure où le support électronique prend les devants de la scène, le document écrit n'a rien perdu de sa valeur. Associé au Macintosh, FileMaker Pro vous propose un large éventail de possibilités, allant du brouillon vite imprimé jusqu'à la plus haute qualité d'impression. Avec un équipement adéquat, vous pouvez considérablement améliorer la qualité d'impression de vos documents jusqu'à atteindre un niveau professionnel. Pour illustrer notre exemple, nous avons choisi l'imprimante LaserWriter II NTX de la gamme Apple. Associé à une telle imprimante, votre Macintosh vous offre une qualité d'impression optimale. Il vous permet en outre de prévisualiser le document avant de lancer l'impression. Pour organiser l'impression, FileMaker Pro doit connaître le type d'imprimante utilisé. En effet, chaque type d'imprimante a son propre domaine d'application. Une imprimante à aiguilles, par exemple, offre une très grande vitesse d'impression et s'adapte tout particulièrement aux imprimés autocopiants. En revanche, elle est tout à fait inadéquate pour la présentation de textes et de graphiques. Vous devez donc choisir votre imprimante en fonction de vos besoins.

Pour imprimer, les ressources d'impression doivent se trouver dans le dossier Système. Vérifiez dans la fenêtre du sélecteur si vous avez sélectionné le port adéquat pour l'interface d'impression. Choisissez l'article Sélecteur dans le menu Pomme. La fenêtre du Sélecteur affiche dans sa partie gauche les icônes des imprimantes installées sur votre Macintosh.

Choix de l'imprimante

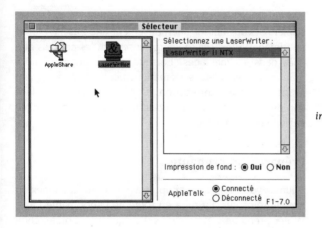

Choix d'une imprimante 'dans le sélecteur

La fenêtre du sélecteur présente les mêmes icônes qui figurent sur les ports à l'arrière de votre ordinateur. En cas de problème, consultez le guide d'utilisation de votre imprimante ou adressez-vous à votre fournisseur. Pour sélectionner l'imprimante voulue, cliquez sur son icône dans la partie gauche de la fenêtre. L'icône s'affiche en contraste, tandis que le nom de l'imprimante s'inscrit dans la partie droite de la fenêtre. Si vous utilisez plusieurs imprimantes dans un environnement de réseau, la fenêtre affiche les noms de

65

toutes les imprimantes connectées. Sélectionnez l'imprimante voulue. Si vous avez choisi une LaserWriter, vous
devez également activer la connexion AppleTalk en cliquant
sur l'option Connecté. Si vous disposez d'une mémoire
suffisante, activez également l'impression de fond. L'imprimante LaserWriter est maintenant prête à l'emploi, à condition qu'elle soit physiquement connectée à votre Macintosh.
La connexion physique est vérifiée par le protocole Apple-
Talk. On pourrait presque dire que le Macintosh et l'imprimante se donnent la main pour travailler ensemble. Pour
quitter la fenêtre du sélecteur, choisissez l'article Quitter
dans le menu Fich. ou cliquez dans la case de fermeture.

Les imprimantes laser ne prennent pas toute la surface du
papier. Si vous utilisez alternativement une LaserWriter et
une ImageWriter, suivez scrupuleusement les conseils affi-
chés dans les messages. Lorsque vous changez d'imprimante, prévisualisez systématiquement votre document
avant de lancer l'impression. Dans ce mode, la surface
d'impression autorisée par votre imprimante est délimitée
par un cadre pointillé.

Préparer l'imprimante

Allumez votre imprimante après avoir vérifié la connexion
avec l'ordinateur. La mise en route de l'imprimante Laser
Writer prend un certain temps. Lorsqu'elle est prête, choisissez l'article Sélecteur dans le menu Pomme. A gauche, la
fenêtre du Sélecteur affiche toutes les imprimantes installées
sous forme d'icônes. Cliquez sur l'icône LaserWriter. La
partie droite de la fenêtre présente la liste des imprimantes
LaserWriter disponibles. Sélectionnez l'imprimante voulue
en cliquant sur son nom et activez AppleTalk. Sélectionnez
au besoin la zone AppleTalk souhaitée, puis activez l'impression de fond. Pour utiliser cette option, vous devez disposer
d'au moins 2 Mo de mémoire vive. Ensuite, cliquez dans la

case de fermeture de la fenêtre. L'imprimante est maintenant prête pour l'emploi.

Avant de procéder à l'impression, vous devez indiquer à FileMaker Pro le format de papier que vous comptez utiliser. Contrairement à la gamme ImageWriter, les imprimantes LaserWriter n'autorisent que des formats standard. Bien qu'il soit possible d'utiliser des feuilles A4 jusqu'à 135 gr, le format le plus courant est de 80 gr. Pour vous faciliter la tâche, le format A4 est activé par défaut dans la zone de dialogue Format d'impression. Si vous possédez une ImageWriter vous avez la possibilité de définir un format personnalisé. En revanche, avec un imprimant laser, vous devez choisir parmi les formats proposés. Si vous utilisez une LaserWriter dans une configuration minimale et vous voulez substituer les polices de caractères, activez l'option appropriée. L'imprimante remplace les polices New York par Times, Geneva par Helvetica et Monaco par Courier. Avec une imprimante ImageWriter LQ vous pouvez utiliser plusieurs formats alternativement en sélectionnant le tiroir approprié. Si vous activez le chargement feuille à feuille, le premier tiroir suffira pour les besoins de notre exercice. Pour toutes les imprimantes non laser, conservez la taille normale de 100%. Les imprimantes LaserWriter utilisent des tailles normalisées, comme c'est le cas de l'imprimante LaserWriter II NTX que nous avons choisie pour cette démonstration. Pour définir le format d'impression, suivez les instructions ci-dessous.

Format d'impression

Zone de dialogue Format d'impression

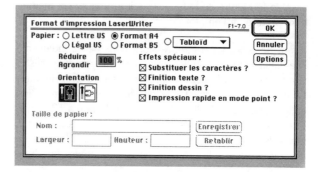

Définir le format d'impression

Sélectionner l'option Format A4.

Sélectionner au besoin l'option Substituer les caractères.

Sélectionner au besoin l'option Finition texte pour affiner les caractères.

Sélectionner au besoin Finition dessin pour affiner les graphiques.

Sélectionner le cas échéant Impression rapide en mode point pour accélérer l'impression des graphiques de l'album.

Cliquer sur l'icône d'orientation verticale.

Choisir 100% pour la taille.

Préparer l'impression
L'impression s'effectue selon le modèle courant. Choisissez l'article Imprimer du menu Fich.. La zone de dialogue qui s'ouvre sur votre écran vous permet de préciser les modalités d'impression et d'indiquer, dans sa partie inférieure, ce que vous souhaitez imprimer.

Imprimer les fiches en cours d'utilisation
La première option permet d'imprimer toutes les fiches présentes en mode Utilisation selon le modèle en vigueur.

68

Si vous souhaitez imprimer uniquement la fiche à l'écran, sélectionnez l'option "La fiche courante".

Imprimer la fiche courante

FileMaker Pro imprime une fiche vierge selon le modèle en vigueur. Le menu local associé vous propose d'imprimer les rubriques telles quelles, encadrées ou soulignées.

Imprimer une fiche vierge avec rubriques

L'option "Les définitions de rubriques" permet d'indiquer la structure de la base de données à l'impression. FileMaker Pro imprime la liste de toutes les rubriques du fichier, y compris le type, les formules et les options d'entrée spécifiées. Ce mode d'impression est particulièrement utile lorsque vous souhaitez archiver les données ou tout simplement vérifier l'organisation du fichier. Les options varient selon la version du Macintosh. Le Système 7, affiche la zone de dialogue suivante :

Imprimer les définitions de rubriques

Zone de dialogue Imprimer de Filemaker Pro

Pour imprimer sous FileMaker Pro, suivez les instructions
ci-dessous dans le mesure où votre configuration le permet.

Imprimer sous FileMaker Pro
Choisissez le modèle que vous souhaitez utiliser pour
l'impression des fiches

Dans la zone de dialogue Imprimer, sélectionnez les options
suivantes :

Page de titre	= Aucune
Chargement	= Automatique
Impression	= Couleur/Niveaux de gris
Destination	= Imprimante
Numéroter les pages à partir de : 1	

Sélectionnez ensuite l'option "Les fiches en cours d'utilisation". Pour lancer l'impression, cliquez sur OK ou appuyez
sur la touche <Retour>. Si vous changez d'avis, cliquez sur
Annuler.

3.4. Recherche de données

Pour retrouver un groupe particulier de fiches, FileMaker
Pro ouvre un modèle vierge dans laquelle vous devez fournir
les indications, ou critères, dont il a besoin pour localiser les
fiches recherchées. Pour effectuer une recherche, vous
devez établir une ou plusieurs requêtes en spécifiant les
critères souhaités dans les rubriques correspondantes, à
l'exception des rubriques Statistiques. Une recherche porte
toujours sur l'ensemble des fiches et non pas uniquement
sur les fiches utilisées. Lorsque vous choisissez l'article
Recherche dans le menu Sélection, la zone d'état affiche la
palette d'outils spécifique à ce mode. Choisissez ensuite
l'article Enregistrer une copie dans le menu Fich.. Dans la
zone de dialogue, ouvrez le menu local, choisissez Copie

conforme, puis entrez le nom du fichier dans la case de saisie et cliquez sur OK.

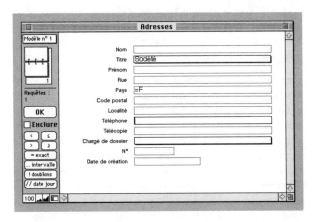

FileMaker Pro vous offre la possibilité de formuler plusieurs requêtes successives. Si au cours d'une recherche vous souhaitez exclure à un moment donné une partie des fiches trouvées, vous devez spécifier les critères voulus dans la première requête.

*Requêtes
multiples*

FileMaker Pro associe à chaque rubrique un index qui vous servira de guide lors de l'établissement des requêtes. Pour entrer un critère dans une rubrique, choisissez successivement les articles Coller spécial dans le menu Edit. et Index dans le sous-menu, puis sélectionnez une entrée dans la fenêtre de l'index.

L'index

Pour illustrer le déroulement d'une recherche, nous allons établir une requête portant sur les entreprises françaises. La recherche se déroule en mode Utilisation à partir d'un modèle quelconque. Pour établir la requête, procédez comme dans la figure précédente.

*Etablir une
requête
avec deux
critères de
recherche*

71

Choisir l'article Recherche dans le menu Sélection.
Sélectionner l'entrée "Société" dans la rubrique "Titre" pour le premier critère de recherche.
Taper "F" dans la rubrique "Pays" pour le second critère de recherche
Cliquer sur OK pour lancer la recherche.
FileMaker Pro extrait les fiches de toutes les sociétés françaises.

La norme ASCII

Comme vous l'avez sans doute remarqué, la rubrique "Pays" contient des valeurs alphabétiques. La valeur d'une lettre dépend de sa position dans l'alphabet. Le grand A représente la plus petite valeur et le petit z la plus grande. Par conséquent F pour la France prend une valeur supérieure à D pour l'Allemagne, puisque le F vient après le D dans l'alphabet. Si l'on écarte la valeur D à l'aide de l'option "Exclure" et de l'opérateur < pour F, la recherche portera uniquement sur les valeurs supérieures ou égales à F. En revanche, si vous souhaitez exclure une autre valeur comprise dans la fourchette établie, par exemple I pour l'Italie, il faudra définir un troisième critère de recherche. Si vous souhaitez rechercher les fiches d'un seul pays, comme dans notre exemple, utilisez de préférence l'opérateur "=exact" pour le pays recherché (=F).

Palette d'outils

Nous avons vu que les minuscules ont une valeur supérieure aux majuscules. Dans le traitement informatique, cette échelle des valeurs a été standardisée sur le plan international par le biais de la norme ASCII, qui est maintenant reconnue par tous les pays.

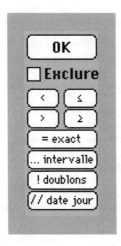

*Palette
d'outils
en mode
Recherche*

Options de recherche sous FileMaker Pro

Pour rechercher les fiches répondant aux critères définis, cliquez sur OK. L'option Exclure vous permet d'ignorer certaines fiches en définissant une fourchette de valeurs à l'aide des opérateurs "inférieur" (<), "inférieur ou égal" (<), "supérieur" (>), "supérieur ou égal" (>), "=exact" ou intervalle <fourchette>, comme par exemple de D à F. L'opérateur "!doublons" permet de trouver les valeurs en double, tandis que "//date jour" effectue des recherches selon la date du jour.

Critères et opérateurs de recherche

Etablir une nouvelle requête

Choisissez l'article Recherche dans le menu Sélection et spécifiez les critères de recherche dans la rubrique concernée.

Rechercher une chaîne de caractères

Pour rechercher un fragment de texte, tapez la chaîne de caractères voulue précédée du signe égal (=).

Exclure un groupe de fiches ou la fiche courante

Les fiches exclues sont rendues provisoirement indisponibles, ce qui signifie qu'elle ne pourront être ni imprimées, ni triées, ni exportées, ni prévisualisées.

Exclure un groupe de fiches

Choisissez l'article Ignorer les fiches dans le menu Sélection. Dans la zone de dialogue, tapez le nombre de fiches à ignorer, puis cliquez sur OK.

Réintégrer les fiches exclues

Choisissez l'article Tout rechercher dans le menu Sélection pour rendre à nouveau disponibles les fiches exclues au cours d'une recherche.

Permuter les groupes de fiches trouvées et exclues

Choisissez l'article Rechercher les fiches ignorées pour visualiser alternativement les fiches trouvées et les fiches ignorées.

Rechercher des valeurs booléennes

La valeur 1 signifie Vrai et la valeur 0 signifie Faux. Associez, selon le cas, les opérateurs 0 ou 1 aux critères définis et cliquez sur OK. Cette technique s'applique également aux opérateurs ET/OU. ET associe deux critères, tandis que OU effectue un choix parmi les critères spécifiés.

Rechercher les fiches à exclure

Tapez dans la requête les critères décrivant les fiches à exclure de la recherche, puis cliquez successivement sur Exclure et sur OK.

Rechercher des valeurs comprises dans un intervalle

Activez la rubrique concernée, tapez la première valeur, cliquez sur le symbole "...intervalle", entrez la dernière valeur constituant la fourchette, puis cliquez sur OK.

Rechercher des nombres

Tapez un nombre non formaté dans la rubrique correspondante. FileMaker Pro recherche toutes les valeurs spécifiées quel que soit leur format (pourcentage, symbole monétaire, etc...). Pour lancer la recherche, cliquez sur OK.

Rechercher une heure

Entrez l'heure souhaitée dans le format standard hh:mm:ss et cliquez sur OK.

Rechercher des rubriques vides

Dans la palette d'outils, cliquez sur "=exact", puis sur OK. FileMaker Pro recherche toutes les rubriques équivalentes qui ne contiennent aucune valeur.

Modifier la requête

Activez le modèle à partir duquel vous avez établi les requêtes, puis choisissez l'article Réafficher la requête dans le menu Sélection. FileMaker Pro appelle la première requête à l'écran. Modifiez les critères individuellement et utilisez le répertoire pour passer d'une requête à l'autre.

La fonction de recherche ne supprime en aucun cas les fiches traitées.

3.5. Création d'un modèle d'étiquettes

Pour envoyer une offre à plusieurs entreprises sélectionnées dans la base de données, nous allons créer un modèle avec les rubriques de l'adresse et l'imprimer sur des étiquettes autocollantes. Pour commencer, nous allons effectuer une recherche dans le fichier d'adresses afin de sélectionner les entreprises. Ensuite, nous allons créer un nouveau modèle sous le nom "Etiquettes" avec le format approprié. En mode Modèle, l'article Nouvelle fiche du menu Edit. est remplacé par Nouveau modèle. Dans la zone de dialogue, FileMaker Pro vous propose le nom "Modèle n°2", qui s'affiche dans la case de saisie correspondante.

Zone de dialogue Nouveau modèle

Nouveau modèle

Nom : Modèle n° 2

┌─ **Type :** ─────────
○ **Standard**
○ **Colonnes**
○ **Page unique**
◉ **Etiquettes**
○ **Enveloppe**
○ **Vierge**

[**OK**] [**Annuler**]

Remplacez le nom proposé par "Etiquettes", activez l'option Etiquettes, puis cliquez sur OK ou appuyez sur la touche <Retour>. Une seconde zone de dialogue s'ouvre alors sur votre écran.

3.6. Format d'étiquettes

La zone de dialogue Format d'impression des étiquettes reproduit le format du papier que vous avez défini dans le menu Fich.. Spécifiez le nombre d'étiquettes par rangée ainsi que leur taille. Les paramètres indiqués, 20,96x29,67 correspondent au format standard A4, que vous avez défini dans le menu Fich.. Une étiquette standard mesure 6,5 cm x 2,5 cm.

La hauteur des étiquettes se mesure du bord supérieur d'une étiquette au bord supérieur de l'étiquette suivante ou précédente. De même, la largeur d'une étiquette indique la distance du bord gauche d'une étiquette au bord gauche de l'étiquette suivante sur l'axe horizontal. Les adresses doivent s'imprimer dans cet espace. Si vous spécifiez une largeur de 7 cm, il ne vous sera pas possible d'imprimer trois étiquettes côte à côte même si votre imprimante prend en compte toute la largeur du papier. Lorsque vous cliquez sur OK, vous recevrez le message suivant :

Message d'erreur pour le format des étiquettes

Si l'on agrandit le format standard A4 utilisé dans la correspondance commerciale à 21 x 29,7 cm, cela ne résout pas le problème. Pour des raisons techniques liées à la représentation des pixels, les marges sont en règle générale incompressibles. Vous devez donc choisir une valeur dans la limite des dimensions proposées. Si vos étiquettes mesurent 7 cm de largeur, utilisez de préférence des planches avec deux étiquettes par rangée. Sinon, vous pouvez imprimer sur deux colonnes et créer un second modèle avec une seule étiquette par rangée pour imprimer la troisième colonne. Effectuez des tests d'impression sur une feuille A4 avant d'imprimer les étiquettes. Un clic sur OK ouvre la zone de dialogue Ordre des rubriques représentée dans la figure qui suit. Sélectionnez les rubriques affichées dans la liste de gauche dans l'ordre souhaité et cliquez sur Déplacer après chaque sélection. Insérez les rubriques dans le modèle dans l'ordre indiqué sur la figure. Pour visualiser le modèle, cliquez sur OK.

Définir le modèle "Etiquettes"

Passer en mode Modèle.

Choisir l'article Nouveau modèle dans le menu Edit..

Activer l'option Etiquettes.

Taper "Etiquettes" dans la case de saisie.

Cliquer sur OK.

La zone de dialogue Format d'impression des étiquettes s'affiche sur l'écran.

Spécifier 2 étiquettes par rangée et entrer les paramètres 7 et 3 dans les cases correspondantes.

Cliquer sur OK pour confirmer.

Répondre par OK au message d'erreur signalant le dépassement du format d'impression.

La zone de dialogue Ordre des rubriques s'affiche sur l'écran.

"Déplacer" les rubriques dans l'ordre souhaité.

Cliquer sur OK pour confirmer.

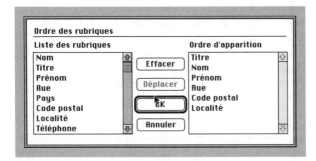

Le modèle qui apparaît sur votre écran présente un en-tête vide. Les rubriques s'affichent dans le corps du modèle dans l'ordre que vous avez défini. Pour accroître la précision, affichez les règles avec l'article correspondant du menu Modèle. La graduation des règles tient compte de la marge réservée par l'imprimante LaserWriter pour le chargement du papier. Ces marges apparaissent également dans la fenêtre de prévisualisation. Pour en avoir la confirmation, choisissez l'article Prévisualisation dans le menu Sélection, examinez le modèle, puis refermez la fenêtre. Comme vous l'avez sans doute remarqué, les adresses sont rangées verticalement sur une seule colonne. Si l'on étend la sélection à l'ensemble des 10 fiches, la fenêtre de prévisualisation fait apparaître toutes les fiches sélectionnées. Essayez vous-mêmes pour voir le résultat, puis revenez à la sélection initiale. Passez en mode Recherche et spécifiez le critère "Société". Pour obtenir deux adresses par rangée, choisissez l'article Format de modèle dans le menu Modèle. Dans la zone de dialogue qui s'ouvre sur votre écran, spécifiez le nombre de colonnes (2) et le sens d'impression (horizontal)en activant les options correspondantes.

*Agencer le
modèle
d'étiquettes*

Définir l'ordre d'impression des étiquettes

Passer au besoin en mode Modèle.

Choisir l'article Format de modèle dans le menu Modèle.

Sélectionner l'option Sens horizontal.

Cliquer sur OK pour confirmer.

Choisir l'article Prévisualisation dans le menu Sélection pour voir le résultat.

L'en-tête du modèle ne sera pas utilisé, puisque la marge est directement calculée par FileMaker Pro. Si vous souhaitez supprimer l'en-tête, placez le pointeur sur la ligne de séparation, appuyez sur le bouton de la souris et faites-le glisser vers le haut, à l'extérieur de la fenêtre. Vous pouvez également activer la case de l'en-tête et appuyer sur la touche <Arrière>.

Supprimer un élément du modèle

Activer la case de l'en-tête.

Appuyer sur la touche <Arrière>.

Insérer un élément

Pointer sur l'outil Elément dans la zone d'état en mode Modèle.

Appuyez sur le bouton de la souris.

Faire glisser le pointeur à l'endroit souhaité du modèle.

Sélectionner l'élément voulu dans la zone de dialogue.

Cliquer sur OK pour confirmer.

Règles

Pour agencer le modèle d'étiquettes, nous allons redimensionner et déplacer les rubriques. Pour nous aider, nous allons tout d'abord afficher les règles, qui nous indiquent aussi bien la taille que la position des rubriques sur le modèle. Le mouvement du pointeur est symbolisé par des lignes pointillées sur les deux règles, ce qui vous permet de suivre sa position aussi bien sur l'axe vertical que sur l'axe horizontal. Le menu Modèle vous propose trois articles portant sur les règles. L'article Règles vous permet de les afficher dans la fenêtre du modèle. L'article Préférences ouvre une zone de dialogue permettant de choisir l'unité de mesure ainsi que le pas de la grille dans les menus locaux correspondants.

Vous avez le choix entre trois unités de mesure : pouce, centimètre et pixel. L'unité choisie s'affiche à l'intersection des deux règles dans le coin gauche supérieur du modèle et peut être modifiée directement par des clics successifs. Le pas de la grille est défini de façon similaire. Par défaut, FileMaker Pro propose 6 pixels, qui est l'unité la mieux adaptée pour la saisie de texte. Cette valeur correspond environ à un demi ou deux tiers de caractère.

Définir l'unité des règles et le pas de la grille magnétique

Passer au besoin en mode Modèle.

Pour afficher les règles à l'écran

Choisir l'article Préférences dans le menu Modèle.

Choisir "centimètre" pour l'unité des règles et spécifier "6 pixels" pour le pas de la grille.

Cliquer sur OK pour confirmer.

Dans notre modèle d'étiquettes, nous allons regrouper l'indication du code postal et la localité sur une seule ligne, de même que le nom et le prénom. Pour cela, nous allons dans un premier temps redimensionner les rubriques correspondantes. Cliquez dans la rubrique "Prénom" pour l'activer. Dans les coins du cadre, vous voyez apparaître quatre petits points, appelés poignées de sélection, que vous pouvez manipuler avec la souris. Si vous faites glisser l'une de ces poignées, le cadre suit le mouvement et s'agrandit ou se réduit selon le sens du déplacement. Si la grille magnétique est active, c'est-à-dire si l'article Grille magnétique est coché dans le menu Modèle, le déplacement du pointeur s'effectue par unités de 6 pixels. Si vous souhaitez contourner la grille magnétique sans passer par le menu, manipulez la rubrique en maintenant la touche <Commande> enfoncée.

Réagencer le modèle

Nous allons donc redimensionner les rubriques mentionnées plus haut et les placer au bon endroit. Pour améliorer la visibilité, agrandissez éventuellement l'image à l'écran en cliquant sur l'icône appropriée en bas de la zone d'état.

Redimensionner une rubrique

Sélectionnez l'unité de mesure "cm" en cliquant à l'intersection des deux règles. Cliquez ensuite dans la rubrique que vous souhaitez redimensionner, c'est-à-dire, dans la rubrique "Prénom". Saisissez la poignée située dans le coin inférieur droit du cadre et faites glisser le pointeur vers la gauche en suivant le mouvement sur les règles. Relâchez la souris à 3,3 cm.

Nous allons maintenant redimensionner la rubrique "Nom" et la placer à côté du "Prénom". La rubrique activée est indiquée par les poignées de sélection.

Déplacer une rubrique

Enfoncez le bouton de la souris dans la rubrique que vous souhaitez déplacer et faites glisser le pointeur. La rubrique suit le mouvement et se fixe à l'endroit où vous relâchez le bouton de la souris. Selon cette démarche, placez la rubrique "Nom" à côté de la rubrique "Prénom" tout en suivant le mouvement du pointeur sur la règle verticale. La rubrique dépasse maintenant le bord de l'étiquette. Pour y remédier, réduisez sa taille de la façon décrite précédemment. De la même façon, réduisez les rubriques "Localité" et "Code postal" à environ 5 caractères. Et pour terminer, placez les deux rubriques côte à côte en-dessous de la "Rue".

Pour ajouter une nouvelle rubrique dans le modèle, servez-vous de l'outil "Rubrique" présent dans la zone d'état. La zone de dialogue qui s'ouvre sur l'écran affiche les entrées du modèle "Adresses". Il vous suffit alors de faire un double-clic sur la rubrique souhaitée pour l'insérer dans le modèle. Ensuite, vous pouvez l'agencer selon vos besoins.

Ajouter une rubrique dans un modèle

Faites glisser l'outil "Rubrique" de la zone d'état à côté de la rubrique "Localité" en suivant le mouvement sur les règles. Lorsque la rubrique a atteint l'endroit souhaité, relâchez le bouton de la souris. Dans la zone de dialogue qui s'ouvre alors sur votre écran, sélectionnez la rubrique "Pays" et cliquez sur OK. Agrandissez la rubrique de manière à aligner son bord droit sur les lignes précédentes. Activez toutes les rubriques à l'aide de l'article Tout sélectionner du menu Edit. et choisissez une taille de 9 points dans le sous-menu Corps du menu Format. Cette taille s'appliquera à toutes les rubriques.

Les opérations que nous venons d'exécuter, à savoir l'ajout, le déplacement des rubriques et la modification de leur taille, engendrent des espaces irréguliers entre les rubriques. Dans le menu Objet, FileMaker Pro vous propose une fonction permettant d'aligner toutes les rubriques ou seulement certaines d'entre elles. Les rubriques que nous avons placées côte à côte sur une ligne, comme les noms et les coordonnées de la localité, doivent se trouver à la même hauteur. Autrement dit, les rubriques doivent être alignées horizontalement sur une ligne de base imaginaire. Pour cela, choisissez l'article Alignement dans le menu Objet, qui ouvre la zone de dialogue suivante :

Zone de dialogue Alignement

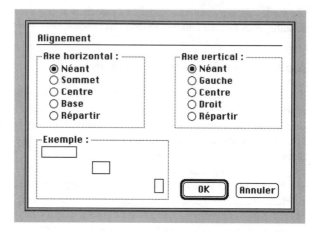

Cette zone de dialogue vous permet d'aligner les objets sur l'axe horizontal ou vertical en les orientant à gauche, au centre ou à droite. L'option Répartir vous permet d'uniformiser l'espacement des objets sur les deux axes. La case "Exemple" vous donne un aperçu du résultat avant de cliquer sur OK pour confirmer.

Si vous n'obtenez pas l'alignement voulu avec l'article Aligner, choisissez tout de suite l'article Annuler Aligner dans le menu Edit. pour rétablir l'alignement précédent.

Aligner les rubriques

Choisir l'article Tout sélectionner dans le menu Edit..

Enfoncer la touche <Majuscule> et cliquer successivement dans les rubriques qui ne touchent pas le bord gauche de l'adresse de manière à les exclure de la sélection. Celles-ci seront ensuite alignées sur l'axe horizontal.

Choisir l'article Alignement dans le menu Objet.

Activer l'option Base pour l'axe horizontal.

Activer l'option Répartir pour l'axe vertical.

Cliquer sur OK pour confirmer.

Cliquer dans la zone libre du modèle.

Enfoncer la touche <Majuscule> et cliquer successivement dans les rubriques "Code Postal"

Choisir l'article Alignement dans le menu Objet.

Sélectionner l'option Base pour l'axe horizontal.

Sélectionner l'option Répartir pour l'axe vertical.

Cliquer sur OK pour confirmer.

Exécutez la même opération pour les rubriques "Prénom" et "Nom".

Tous les objets sont maintenant alignés.

L'adresse est placée trop haut. Pour éviter de déplacer les rubriques une à une et de détruire ainsi l'équilibre d'ensemble du modèle, vous devez associer les rubriques pour former un objet unitaire. Cela vous permettra de déplacer l'ensemble des rubriques comme un seul objet.

Associer

Nous allons donc associer toutes les rubriques, puis déplacer l'objet qui en résulte au centre du modèle en maintenant la touche <Commande> enfoncée.

Associer des objets

Choisir l'article Tout sélectionner dans le menu Edit..

Choisir l'article Associer dans le menu Objet.

Déplacer l'objet qui en résulte au centre du modèle Etiquettes.

Enfoncer la touche <Commande> pour ne pas suivre la grille magnétique.

Choisir l'article Dissocier dans le menu Objet.

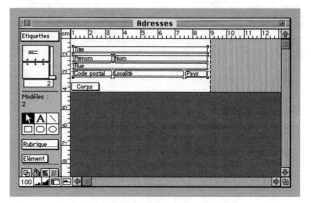

*Agence-
ment des
étiquettes
en mode
Modèle*

FileMaker Pro n'indique le résultat qui sera obtenu à l'impression ni en mode Utilisation, ni en mode Modèle. Si vous souhaitez voir le modèle tel qu'il sera imprimé, choisissez l'article Prévisualisation dans le menu Sélection. Dans la fenêtre qui s'ouvre sur votre écran, les objets sont bien alignés et les caractères ont la même taille.

*Recadrer
les objets*
D'autre part, vous allez constater que les rubriques vides engendrent des espaces blancs qui nuisent à la présentation d'ensemble de l'adresse. L'article Recadrer les objets présent dans le menu Objet permet de combler les blancs en réduisant au besoin les rubriques et en répartissant les objets sur l'axe horizontal et vertical.

Recadrer les objets

Passer au besoin en mode Modèle :
Choisir l'article Tout sélectionner dans le menu Edit..
Choisir l'article Recadrer les objets dans le menu Objet.
Dans la zone de dialogue
Sélectionner "La gauche" et "Le haut" : Tous les objets
Cliquer sur "OK".

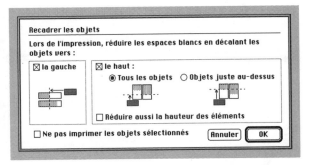

Zone de dialogue Recadrer des objets

Pour vérifier le recadrage des objets, ouvrez le menu Modèle et choisissez l'article Objets recadrés dans le sous-menu Afficher. Le sens du déplacement des objets à l'intérieur du modèle est indiqué par des flèches. En ouvrant la fenêtre de prévisualisation, vous allez vous apercevoir que les espaces vides ont été comblés. Vous pouvez maintenant lancer l'impression sans plus attendre.

Imprimer les étiquettes

Allumer l'imprimante.

Insérer une planche d'étiquettes sur deux colonnes dans le chargeur.

Passer en mode Utilisation.

Choisir l'article Imprimer dans le menu Fich..

Activer l'option Les fiches en cours d'utilisation.

Cliquer sur OK.

4.   Exporter les adresses

Au cours de votre travail avec FileMaker Pro, vous aurez
sans doute besoin d'exporter des adresses vers d'autres
applications ou d'importer des fiches stockées dans d'autres
fichiers. FileMaker Pro vous offre de multiples possibilités
en matière d'échange d'informations. Le format d'un fichier
définit l'organisation interne des données. Les applications
proposées sur le marché du logiciel utilisent les formats les
plus variés. Dans ce contexte, le code ASCII joue un rôle
primordial, dans la mesure où les codes 10 à 31 sont
développées individuellement par chaque éditeur de logiciels. Pour des raisons liées à l'histoire de l'informatique, ces
codes ne font pas l'objet d'une réglementation aussi stricte
que les codes 32 à 127. FileMaker Pro considère ces formats
comme une sorte de traducteur, car les structures d'organisation du fichier en provenance d'une autre application sont
converties pour se conformer au format de destination.
FileMaker Pro met à votre disposition les formats les plus
courants pour vous permettre d'échanger des données avec
les applications les plus diverses. L'échange s'effectue à
partir du menu Fich.. L'article Importer du menu Fich.
permet de recopier des données dans une autre application.
L'article Exporter en revanche vous permet de transférer
des données contenues dans FileMaker Pro vers une autre
application, comme par exemple, un tableur ou un traitement de texte. Voici brièvement résumés, les principaux
formats utilisés par FileMaker Pro :

Formats de fichiers :

Exporter vers MacWrite II et Word.

Les rubriques sont séparées par des tabulations. Le caractère ASCII code 29 sépare les valeurs des rubriques répétitives, le caractère ASCII code 11 se substitue au saut de ligne, tandis que les guillemets délimitent un groupe de rubriques séparées par des virgules.

Le texte et converti en format ASCII. Les sauts de lignes sont ignorés. Les valeurs des rubriques répétitives apparaissent l'une après l'autre. Seuls les 256 premiers caractères sont pris en compte.

Le format SYLK est essentiellement utilisé par des tableurs, tels que EXCEL et WINGZ.

Le format DBF assure la compatibilité avec dBase III.

Le format DIF (Data Interchange Format) stocke les données sous forme de rangées et de colonnes et de ce fait, il est principalement utilisé dans des tableurs tels que VisiCalc ou Apple-Works.

Le format WKS (Worksheet) convertit les données au format utilisé par Lotus 1-2-3.

BASIC est une variante du format Virgules. Les rubriques sont séparées par des virgules et le texte est inséré entre guillemets.

Le format Mailing est utilisé pour créer des fichiers de fusion et des lettres-type contenant des variables. Les noms des rubriques s'insèrent sur la première ligne du fichier et sont séparés par des point-virgules. Les données contenues dans les rubriques s'affichent ligne par ligne, tandis que le texte est inséré entre guillemets, ce qui donne une structure de tableau irrégulier.

MacWrite II utilise le format Mailing pour le fichier de données.

Pour illustrer l'échange de données entre applications nous allons prendre un exemple concret. Nous avons reçu une lettre d'un fournisseur allemand situé à Düsseldorf nous proposant des supports de stockage à des prix fort avantageux. Après avoir consulté la direction commerciale, nous avons décidé de ne pas étudier cette offre nous même, mais de déléguer cette tâche à l'un de nos collaborateurs. Nous allons donc adresser un courrier à plusieurs entreprises pour recueillir leurs réactions sur ces produits.

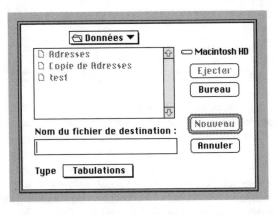

Zone de dialogue Exporter

Nous allons donc créer une lettre-type sous MacWrite II que nous allons envoyer à différentes entreprises pour attirer leur attention sur les disques durs proposés. Puisqu'ils agissent au niveau des fichiers, les articles Importer et Exporter sont rangés dans le menu Fich.. L'échange de données sous FileMaker Pro est extrêmement simple et nous allons le prouver à l'exemple d'un fichier de données MacWrite II. FileMaker Pro enregistre les données à exporter sous un format compatible avec MacWrite II. Avant d'effectuer le transfert, nous allons opérer une sélection parmi les fiches contenues dans "Adresses". La lettre est destinée à une série d'entreprises françaises. Il est bien évident que nous n'allons pas envoyer la lettre à notre partenaire allemand. Avant de procéder à l'exportation, nous allons trier les fiches par ordre alphabétique.

Zone de dialogue Ordre d'expor- tation des rubriques

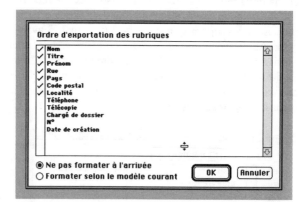

La zone de dialogue Ordre d'exportation affiche les rubriques contenues dans le fichier source "Adresses". Les deux options sous la liste vous permettent d'établir le format du fichier de destination. Lorsque vous déplacez le pointeur à gauche de la liste, il prend la forme d'une coche semblable à celles sur l'écran. Si vous cliquez dans cette zone, la rubrique correspondante est décochée, ce qui signifie qu'elle est désactivée et exclue de l'exportation. Dans la liste des noms, le pointeur prend la forme d'une mini-rubrique avec deux flèches montrant vers le haut et vers le bas pour vous permettre de déplacer les rubriques dans la liste. Pour ce faire, cliquez sur la rubrique voulue, appuyez sur le bouton de la souris, faites glisser la rubrique sur la ligne souhaitée, puis relâchez le bouton de la souris. La rubrique qui s'y trouvait précédemment est décalée d'une ligne vers le bas.

Exporter les adresses dans le fichier de données

Ouvrez le fichier "Adresses" ou passez en mode Utilisation.

Sélection -> Recherche

Sélectionnez toutes les entreprises françaises en spécifiant les critères "Société" dans la rubrique "Titre" et "=F" dans la rubrique "Pays".

Sélection -> Trier...

Triez les fiches trouvées par ordre croissant selon le contenu de la rubrique "Nom". Dans la zone de dialogue Tri, cliquez sur "Nom", puis sur la case Déplacer, activez l'option Tri croissant et cliquez sur Trier pour confirmer.

Mode Utilisation -> Fichier -> Exporter

Lorsque la zone de dialogue Exporter s'ouvre, tapez "Etude marché HD" dans la case du nom, sélectionnez la destination du fichier, choisissez le format Tabulations dans le menu local, puis cliquez sur Nouveau. Dans la zone de dialogue qui s'ouvre maintenant sur votre écran, définissez l'ordre des rubriques et désactivez celles dont vous n'avez pas besoin. Ensuite, cliquez sur OK. La figure ci-dessous illustre le fichier tel qu'il a été importé sous Teach-Text.

Texte importé depuis FileMaker Pro

4.1. Modèles

En attendant les réponses à notre lettre circulaire, nous allons effectuer une étude de marché à l'exemple de la société MyMac Computer. Pour cela, nous allons élaborer un projet de lettre en utilisant les fonctions offertes par FileMaker Pro en mode Modèle. Dans ce mode, FileMaker Pro met à votre disposition un certain nombre d'outils spécifiques répartis dans la zone d'état et les menus Edition, Format et Modèle. En voici un bref aperçu.

Création et agencement d'un modèle

Edition -> Nouveau modèle

Cet article ouvre une zone de dialogue pour vous permettre de spécifier le nom et le type du modèle. Pour les options "Colonnes", "Etiquettes" et "Enveloppe", sélectionnez les rubriques qui apparaîtront dans le modèle.

Edition -> Supprimer le modèle

Cet article supprime le modèle courant.

Edition -> Dupliquer le modèle

Cet article génère une réplique exacte du modèle courant.

L'outil Texte

L'outil Texte est représenté par l'icône "A" située dans la palette à outils de la zone d'état. Si vous souhaitez ajouter un texte d'accompagnement dans votre modèle, cliquez sur l'icône "A" et positionnez le texte à l'endroit voulu.

Format -> Format de texte...

Sélectionnez le fragment de texte souhaité, puis définissez les options voulues, qui se présentent sous forme de cases à cocher et de menus locaux.

Edition -> Coller spécial

Cet article vous permet d'insérer la date, l'heure ou autres symboles spéciaux à l'endroit voulu du modèle.

L'outil Elément

Faites glisser l'outil Elément de la zone d'état à l'endroit souhaité du modèle, puis sélectionnez le type et les options voulues dans la zone de dialogue.

Modèle -> Eléments...

Cet article ouvre une zone de dialogue pour vous permettre de modifier l'ordre des éléments à l'aide de la souris.

Manipulations directes

Déplacer un élément

Si vous souhaitez réaliser des statistiques partielles ou écarter provisoirement un élément de la fiche, enfoncez la touche <Commande> et déplacez l'élément voulu à l'aide de la souris.

Redimensionner un élément

Pointez sur le nom ou sur la ligne de séparation de l'élément et faites glisser le pointeur dans la direction voulue.

Supprimer un élément

Sélectionnez le nom de l'élément et appuyez sur la touche <Arrière>. Cette opération supprime l'élément sélectionné avec son contenu. Si vous souhaitez supprimer un élément tout en conservant son contenu, enfoncez la touche <Option> avant d'appuyer sur la touche <Arrière>.

Orientation d'un nom d'élément

Pour changer l'orientation d'un nom d'élément aligné verticalement, enfoncez le bouton de la souris. Celui-ci s'aligne horizontalement aussi longtemps que vous maintenez la pression. Si vous souhaitez modifier l'alignement de façon durable, cliquez sur l'icône d'orientation en bas de la zone d'état.

Redéfinir un élément

Faites un double-clic sur le nom d'un élément et apportez les modifications souhaitées dans la zone de dialogue. Vous pouvez modifier le type, la numérotation des pages et le saut de page.

Pour manipuler les objets, FileMaker Pro vous propose un certain nombre d'outils répartis dans la zone d'état et dans les menus Objet, Format et Modèle. La section suivante présente un bref aperçu de leurs fonctions.

Manipuler des objets

Objet -> Alignement... ou Aligner

Après avoir défini le mode d'alignement dans la zone de dialogue correspondante, vous pouvez l'appliquer à tout objet sélectionné à l'aide de l'article Aligner.

Modèle -> Grille magnétique - Préférences

L'article Préférences ouvre une zone de dialogue pour vous permettre de définir l'unité de mesure pour les règles et le pas de la grille magnétique. Si la grille magnétique est activée, tous les objets créés ou déplacés s'alignent automatiquement sur les repères les plus proches. Si vous souhaitez désactiver momentanément la grille pour une action spécifique, enfoncez la touche <Commande>.

Modèle   -> Grille magnétique
-> Règles
-> Repères

Le pas de la grille magnétique correspond aux graduations des règles. L'article Repères affiche une ligne horizontale et ligne verticale en forme de croix qui attirent les objets comme un aimant.

Modèle -> Quadrillage

Cet article affiche sur le modèle des lignes verticales et horizontales pointillées correspondant aux graduations de la règle.

Objets graphiques

Sélectionnez un outil de dessin dans la zone d'état, placez le pointeur à l'endroit voulu du modèle et faites glisser le pointeur.

Finition d'un objet graphique

Après avoir dessiné un objet, vous pouvez choisir un motif, une couleur ou modifier l'épaisseur du trait. Pour cela, sélectionnez l'objet et choisissez les effets voulus dans les palettes déroulantes de la zone d'état.

Figures régulières

Pour obtenir des figures régulières, enfoncez la touche <Option> pendant que vous tracez la figure. De cette façon, l'éllispe vous permet de dessiner un cercle, le rectangle produit un carré, tandis que les traits sont positionnés verticalement, horizontalement ou en diagonale à 45.

Edition -> Dupliquer la sélection

Cet article duplique la sélection en décalant la réplique en-dessous et à droite de l'original.

Objet   -> Associer
-> Dissocier

L'article Associer vous permet de réunir plusieurs figures pour former un objet unitaire. L'article Dissocier exécute l'opération inverse.

Objet   -> Verrouiller
-> Déverrouiller

L'article Verrouiller vous permet de protéger la rubrique, le nom de rubrique ou le graphique sélectionné en le fixant sur le modèle. Une fois verrouillé, l'objet ne peut être ni déplacé, ni modifié.

Déplacer un objet

Sélectionnez l'objet voulu et faites-le glisser à l'aide de la souris. En maintenant la touche <Majuscule> enfoncée, le déplacement s'effectue sur l'axe horizontal ou vertical. Les touches fléchées vous permettent de déplacer un objet pixel par pixel.

Modèle ->Cotes

Cet article ouvre/ferme la fenêtre Cotes. Pour positionner ou redimensionner un objet, entrez les valeurs souhaitées dans les cases correspondantes. Pour passer à la case suivante, appuyez sur la touche <Retour>. Sans sélection préalable, les valeurs indiquent la position du pointeur sur le modèle.

Sélectionner des objets

Pour sélectionner un objet, vous pouvez soit cliquer dessus, soit l'entourer d'un cadre pointillé à l'aide de la souris. En maintenant la touche <Majuscule> enfoncée, vous pouvez sélectionner et desélectionner l'objet alternativement ou combiner les deux techniques de sélection. Si le cadre ne couvre pas tous les objets voulus, enfoncez la touche <Majuscule>, puis cliquez sur l'objet que vous souhaitez intégrer dans la sélection.

Objets standard

Créez un objet avec les valeurs souhaitées, enfoncez la touche <Commande> et cliquez sur l'objet. Les valeurs ainsi définies serviront désormais de standard. En cas de besoin, vous pouvez créer une bibliothèque pour stocker tous les objets standard associés à un modèle.

Objet   **-> Premier plan**
                -> Rapprocher
                -> Arrière-plan
                -> Eloigner

Ces articles vous permettent de définir l'ordre de superposition des objets.

4.2. Conception d'une lettre

Le projet de lettre peut être entièrement réalisé avec les moyens de FileMaker Pro. Grâce aux fonctions du mode Modèle, FileMaker Pro atteint les performances d'un logiciel de PAO simplifié.

Pour l'impression, nous avons choisi une imprimante La-serWriter II NT, qui offre un niveau de qualité optimal. De plus, FileMaker Pro nous permet de visualiser les modèles tels qu'ils seront imprimés. Nous pouvons également mettre au point des maquettes de présentation sur des transparents. D'autre part, le fichier Postscript marque un pas important vers la publication assistée par ordinateur (PAO). Dans le cas d'une présentation, cela n'est pas seulement utile mais produit un impact visuel supplémentaire. Qui dirait le contraire ?

Les opérations que nous allons réaliser maintenant pour mettre au point le projet de lettre ne vous sont pas inconnues puisque nous les avons déjà décrites et illustrées dans les exemples précédents. A la fin de ce chapitre, nous allons récapituler la démarche employée étape par étape. Vous pouvez donc lire les chapitres concernées ou vous reporter directement au résumé à la fin de ce chapitre.

Le projet de lettre que nous allons décrire maintenant comporte un en-tête et un pied de page.

Mesdames, Messieurs,

En tant que distributeur de périphériques,
nous bénéficions d'une offre importante de
disques durs externes VIDEX.

Ces disques durs ont une capacité de
stockage de 80 à 600 Mo pour un temps d'accès moyen compris entre 9 et 19 ns.

Afin d'évaluer ses débouchés, nous souhaite-
rions connaître vos besoin pour ce type de
produit dans les 10 prochains mois.

Si vous êtes intéressés, veuillez nous
faire parvenir un appel d'offres en préci-
sant vos besoins pour les dix mois à venir.

Dans cette attente,

Nous vous prions d'agréer, Mesdames, Messieurs, nos meilleurs salutations.

                    myMac

*Exemple
de lettre*

Après avoir élaboré le projet de lettre, nous allons le
verrouiller afin de le protéger contre toute modification
accidentelle. Mais avant, nous allons dupliquer le modèle
sous le nom "Etude marché HD" pour conserver la maquette, et utiliser la copie pour écrire, imprimer et remodeler
notre lettre à souhait. Dans les descriptions qui suivent,
chaque position sur le modèle sera indiquée par ses coordonnées sur les règles, sous la forme h(orizontal):v(ertical).

4.3. Agencement des rubriques

Agencement des rubriques

Les adresses des destinataires seront extraites dans FileMaker Pro et placées au bon endroit dans la lettre type. Si vous utilisez des enveloppes standard 21,9x11 cm, il faudra les insérer juste devant la fenêtre. Pour agencer les adresses, vous devez positionner les rubriques correspondantes dans le corps du modèle à l'aide de l'outil Rubrique, et ajuster leur taille selon les valeurs standard. Le format de texte peut être défini rubrique par rubrique, ou globalement, en sélectionnant toutes les rubriques à la fois. Pour l'adresse, nous allons choisir la police de caractères "Helvetica". Le résumé ci-dessous présente étape par étape la démarche employée pour agencer les rubriques dans le modèle. Vous pouvez y revenir au besoin après avoir lu ce chapitre en entier et constitué votre propre modèle.

Passez en mode Modèle. Créez un nouveau modèle intitulé "lettre" de type vièrge

Affichez les règles, si ce n'est pas déjà fait, à l'aide de l'article Règles du menu Modèle.

Faites glisser l'outil Rubrique de la zone d'état dans le "Corps" du modèle en réservant une marge de 10 cm du bord gauche. Ce faisant, suivez le mouvement du pointeur indiqué par des lignes pointillées sur les règles. Lorsque vous relâchez le bouton de la souris, la rubrique se fixe à l'endroit choisi.

Dans la zone de dialogue Nouvelle rubrique qui s'ouvre sur votre écran, faites un double-clic sur "Titre" pour l'insérer dans le modèle. Cette rubrique recevra ensuite les données correspondantes du fichier "Adresses".

Répétez les étapes 3 et 4 pour les toutes les autres rubriques de l'adresse en les plaçant les uns en-dessous des autres.

Activez la rubrique "Code postal" et ramenez sa taille à cinq caractères.

Activez la rubrique "Localité" et faites-la glisser à côté du "Code postal". Ce faisant, suivez les lignes pointillées sur la règle. La rubrique "Localité" reste inchangée.

Pour positionner les rubriques avec précision, choisissez l'article Alignement dans le menu "Objet".

4.4. Outils de positionnement

FileMaker Pro met à votre disposition un certain nombre d'outils pour vous permettre de positionner les rubriques avec la plus grande précision. Ces outils sont réunis dans le menu Modèle. Les règles, que vous connaissez déjà, sont associées à une grille magnétique dont le pas est défini sous l'article Préférences. L'article Quadrillage affiche sur le modèle des lignes horizontales et verticales qui vous serviront de guide.

L'article Repères affiche sur le modèle deux lignes en forme de croix couvrant l'ensemble de la fenêtre. Tout objet déplacé ou redimensionné sera attiré par ces deux repères. Toutefois, la grille magnétique prévaut sur les repères. Vous pouvez activer et désactiver les repères selon vos besoins dans les différents éléments du modèle.

Repères

La fenêtre "Cotes" est un autre outil de précision. Pour y accéder, choisissez l'article Cotes dans le menu Modèle. La fenêtre contient six paramètres vous permettant de définir la position et la taille d'un objet dans le modèle. Les quatre premières cases indiquent les distances par rapport au bord de la page, tandis que les deux dernières cases portent sur la largeur et la hauteur de l'objet lui-même. Les valeurs de l'objet sélectionné s'inscrivent dans les cases correspondantes et sont automatiquement remises à jour lorsque vous

Cotes

déplacez l'objet. Pour positionner ou redimensionner un objet avec précision, entrez les valeurs souhaitées dans les cases correspondantes.

Origine   Pour calculer les dimensions sur l'axe vertical et horizontal, FileMaker Pro prend comme point de départ le coin supérieur gauche de la zone de travail, qui est également l'origine des deux règles. Selon l'imprimante utilisée, FileMaker Pro réserve automatiquement une petite marge d'impression pour l'entraînement du papier. Par conséquent, le point zéro ne correspond pas tout à fait à la position h0:v0.

4.5. Polices et couleur des caractères

Avec cette nouvelle version, FileMaker introduit de nombreuses fonctions pour l'agencement des couleurs. Les objets sélectionnés peuvent recevoir 81 couleurs différentes, auxquelles s'ajoute un choix diversifié de motifs. Les palettes de couleurs et de motifs pour les objets graphiques sont représentées par de petits carrés dans la zone d'état. La case témoin à gauche indique la couleur et le motif en vigueur. L'icône située entre la case témoin et les palettes indique la partie de l'objet concerné : un pot de peinture pour le fond, un crayon pour le trait, etc... Pour choisir une couleur, sélectionnez tout d'abord un objet graphique, ouvrez la palette de couleurs correspondante dans la zone d'état et choisissez la couleur voulue comme dans tout autre menu local. Lorsque vous relâchez le bouton de la souris, l'objet s'affiche avec la couleur choisie. De la même façon, vous pouvez choisir l'épaisseur du trait ou l'éliminer entièrement, ou encore définir des couleurs différentes pour le trait et le fond.

Epaisseur   La zone d'état comporte un outil vous permettant de choisir
du trait   l'épaisseur du trait. Les cases témoin situées à gauche indiquent le réglage en vigueur et la couleur du trait.

*Les outils
du mode
Modèle*

Couleur et motif des objets

Dans la zone d'état

Appuyer sur le bouton de la souris

Choisir ensuite l'épaisseur du trait dans le menu local de la
palette correspondante.

Choisir la couleur du trait dans la palette identifiée par un
crayon.

Choisir les motifs selon la même démarche dans la seconde
palette.

Les couleurs ne sont pas réservées aux objets graphiques,
mais s'appliquent également aux caractères. Le choix des
couleurs se déroule selon le même schéma : sélectionnez un
fragment de texte puis choisissez la couleur voulue.

Couleur et motifs des caractères

En mode Modèle :

Définir le format voulu

Sélectionner le fragment de texte voulu à l'aide de la souris.

Choisir l'article Couleur dans le menu Format.

Faire glisser le pointeur sur la couleur désirée dans le sous-menu

---

4.6. Création d'un modèle en colonnes

Avec le modèle en colonnes, FileMaker Pro vous permet d'agencer les fiches sous forme de tableau.

Créer un modèle en colonnes :

Passer en mode Modèle,

Choisir l'article Nouveau modèle dans le menu Edit..

Inscrire le nom "Liste d'adresses" dans la case de saisie.

Sélectionner l'option Colonnes et cliquer sur OK pour confirmer.

Dans la zone de dialogue qui s'ouvre sur l'écran, "Déplacer" les rubriques que vous souhaitez faire figurer dans le tableau.

Définir le format du texte, agencer les rubriques et choisir les couleurs voulues.

Pour ajouter des lignes supplémentaires, faire glisser la ligne de séparation de l'élément.

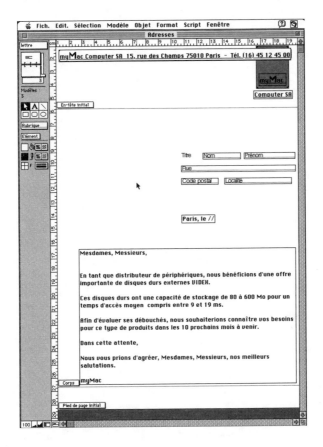

*Le
modèle
d'une
lettre*

5. Applications commerciales

Les bases de données n'ont d'intérêt que si elles vous simplifient la saisie et la gestion des données au jour le jour. Pour minimiser les tâches répétitives, les entreprises ont mis en place des structures simples mais efficaces. Dans un service commercial par exemple, la prospection joue un rôle essentiel, dans la mesure où elle prépare le terrain pour la vente.

5.1. Achats et ventes

Pour répondre à la demande de ses clients, la petite entreprise que nous avons prise pour exemple doit mettre au point un fichier de produits. En règle générale, les produits achetés passent tout d'abord par le services des achats. Dans notre petite entreprise, nous allons élaborer un modèle et saisir les données nous-mêmes. Pour réaliser la prospection, nous allons créer un fichier sous le nom "Ventes" en reprenant les adresses des clients et les produits dans les deux autres fichiers.

5.2. Référence à un autre fichier

La création de fichiers sous FileMaker Pro n'a désormais plus aucun secret pour vous. Pour extraire des données stockées dans d'autres fichiers FileMaker Pro, vous devez sélectionner l'option Référence à un autre fichier dans la zone de dialogue Options d'entrée. FileMaker Pro vous demande alors le nom du fichier dans lequel il droit chercher l'information. Nous allons donc lui demander de transférer le contenu de la rubrique "Titre" du fichier "Adresses" dans le fichier "Produits", lorsque les rubriques "Nom" dans le fichier "Adresses" et "Fournisseur" dans le fichier "Produits" présentent le même contenu. Vous pouvez ainsi récupérer des données dans plusieurs fichiers différents. Pour changer de fichier source, cliquez dans la case Référence de la zone de dialogue. Vous pouvez faire référence à toutes les rubriques à l'exception des rubriques Statistiques, qui font l'objet d'un calcul préalable. A partir d'une description générale, nous allons vous montrer comment définir des références dans notre exemple précis.

Ouvrez tout d'abord le fichier dans lequel vous souhaitez faire référence à d'autres fichiers, ou créez au besoin un nouveau fichier à l'aide de l'article Nouveau du menu Fich.. Choisissez ensuite l'article Définir les rubriques dans le menu Sélection. Lorsque vous créez un nouveau fichier, la zone de dialogue Définition de rubrique s'affiche automatiquement. Entrez les noms des rubriques, puis sélectionnez le type et les options voulues. Sélectionnez ensuite la rubrique pour laquelle vous souhaitez faire référence à un autre fichier. Celle-ci ne doit pas être référencée par un autre fichier. Pour établir la référence, sélectionnez la rubrique concernée et cliquez sur Options. Dans la zone de dialogue Options d'entrée, cliquez dans la case Référence à un autre fichier, puis sélectionnez le fichier voulu dans la zone de dialogue suivante. Cette opération ouvre une troisième zone de dialogue intitulée Référence de la rubrique "[nom]". Choisissez les rubriques voulues dans les menus locaux correspondants. Si vous souhaitez changer de fichier source, cliquez dans la case Référence puis sélectionnez un autre fichier dans la liste. Cliquez sur OK pour confirmer et quitter la zone de dialogue. La référence est ainsi établie.

5.3. Source et destination

Pour définir les valeurs de référence, spécifiez le fichier source (fichier de référence) et le fichier de destination, ainsi que les rubriques source (rubrique de référence) et de destination correspondantes.

Le fichier de destination n'est autre que le fichier courant, dans lequel vous avez introduit une référence à un autre fichier. Pour connaître le fichier source, FileMaker Pro vous demande de le sélectionner dans une zone de dialogue. Ce fichier sera utilisé comme référence jusqu'à ce que vous le remplaciez par un autre en cliquant sur la case Référence. Vous devez ensuite choisir les rubriques source et de destination dans les menu locaux correspondants. Pour indiquer la rubrique source, ouvrez le menu local intitulé "Copier le contenu de". Dans notre exemple, choisissez la rubrique "Titre", dont le contenu sera reporté dans la rubrique du fichier courant indiquée, à condition toutefois que le contenu de "Nom" égale une valeur de "Fournisseur".

Le fichier "Produits"

Créez un fichier sous le nom "Produits". Définissez les rubriques indiquées dans la figure ci-dessous... et définissez les références indiquées dans la figure suivante.

Définition de rubriques de "Produits"

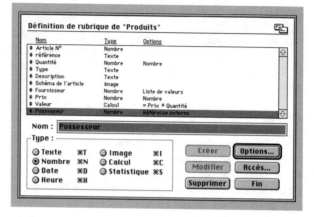

Procédez de la façon indiquée dans la figure suivante, qui illustre la zone de dialogue Référence de la rubrique "Fournisseurs".

Zone de dialogue Référence de la rubrique "Fournisseurs"

Agencez le modèle "Saisie" comme dans la figure suivante.

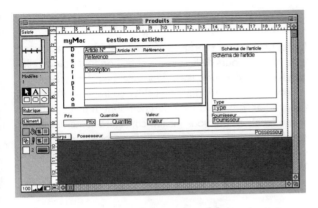

Le modèle "Saisie" du fichier "Produits"

Entrez les données illustrées dans la figure ci-dessous.

Pour la rubrique Image, créez un graphique ou copiez une image de l'album en observant le déroulement du transfert dans le fichier courant.

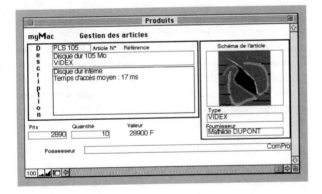

Créer une fiche pour les produits

113

5.4. Extraire les données en cours de saisie

Le contenu des rubriques source est extrait automatiquement au cours de la saisie, à condition toutefois qu'elles contiennent des données. Les valeurs référencées sont reportées dans la rubrique du fichier courant qui s'affiche à droite. Les rubriques de référence sont réunies dans un menu local, ce qui vous facilite considérablement la tâche surtout lorsque vous souhaitez intégrer plusieurs valeurs. Il vous suffit alors de taper la première lettre pour récupérer la valeur souhaitée.

5.5. Le fichier "Ventes"

Le fichier "Ventes" devra contenir un modèle de lettre avec la structure que nous avons définie pour la société myMac dans le fichier "Adresses". Ouvrez le fichier "Adresses", activez le modèle de la maquette et copiez-le dans le fichier "Ventes" pour le réagencer. Dans ce fichier, nous allons définir deux références : le numéro du client, qui correspond au compteur des fiches présent dans "Adresses", et le numéro de l'article contenu dans le fichier "Produits". Les modèles disponibles sont réunies dans un menu local : Offre, Commande, Bon de livraison, Facture, Avoir. Nous allons choisir l'un de ces modèles et l'agencer de telle sorte que le titre apparaisse sous le logo, suivi des données correspondantes.

Pour intégrer la référence des articles, nous allons créer une rubrique répétitive. Pour définir le nombre de valeurs dans une rubrique qui ne contient pas de formule, cochez la case Rubrique répétitive affichant [n] valeurs et spécifiez le nombre maximum de valeurs autorisé pour votre formulaire, dans notre exemple, 8 valeurs.

Redéfinissez l'ordre de tabulation de manière à commencer par la désignation de l'article et à passer ensuite dans les rubriques "Numéro du client" et "Numéro de l'article", qui contiennent des références. La touche tabulation devra vous placer ensuite dans la rubrique "Quantité" puis alterner entre les rubriques "Numéro de l'article" et "Quantité" jusqu'au passage à la fiche suivante. Pour créer le fichier "Ventes", inspirez-vous des figures qui suivent. La première figure illustre le modèle avec les cases de saisie correspondantes.

Le fichier "Ventes"

Créez le fichier "Ventes" de la façon suivante :

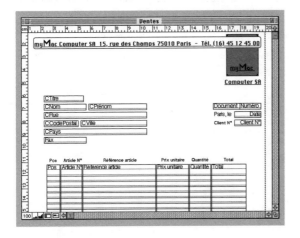

*Modèle
du fichier
"Ventes"*

Ouvrez le modèle "Page 1" dans le fichier "Adresses" et choisissez successivement les articles Tout sélectionner dans le menu Edit. et Associer dans le menu Objet. Copiez le modèle de lettre avec l'article Copier du menu Edit.. Ensuite, ouvrez ou activez le fichier "Ventes", passez en mode Modèle et choisissez l'article Nouveau modèle dans le menu Edit.. Tapez "Page 1" dans la case du nom, sélectionnez l'option Standard, puis cliquez sur OK. Redimensionnez les éléments

115

comme dans le fichier "Adresses" en faisant glisser la ligne de séparation, puis effacez l'en-tête. Ensuite, choisissez l'article Coller dans le menu Edit.. Placez le contenu de la maquette comme dans le fichier "Adresses" en positionnant le coin gauche supérieur à h15mm:v18mm. Si le pied de page de la lettre se trouve dans le Corps du modèle, placez l'élément "Corps" au-dessus du texte du pied de page en faisant glisser la ligne de séparation. Ensuite, ajustez l'élément "Pied de page" selon les besoins et enfin, protégez le formulaire de la lettre avec l'article Verrouiller du menu Objet. Définissez maintenant les rubriques et disposez les rubriques du fichier "Produits" dans le modèle comme dans la figure ci-dessous. Passez ensuite en mode Utilisation, rédigez l'offre, puis lancez l'impression.

6. Scripts et boutons/Elaborer un catalogue

FileMaker Pro vous offre la possibilité d'uniformiser les tâches les plus complexes. Pour ne pas avoir à répéter en permanences les mêmes opérations, vous pouvez définir des "scripts" et des "boutons", qui se chargeront d'exécuter les tâches répétitives en toute autonomie. En mode Utilisation et Modèle, FileMaker Pro vous propose dans les menus Script et Sélection un ensemble d'outils vous permettant d'automatiser les travaux de routine.

Automatiser les travaux de routine

L'article Bouton du menu Script vous permet de créer ou de positionner un objet graphique en mode Modèle. En revanche, vous ne pouvez pas définir des rubriques à l'aide de boutons. Pour définir un bouton, sélectionnez un objet et choisissez l'article Bouton dans le menu Script. Dans la zone de dialogue qui s'ouvre sur votre écran, définissez les scripts ou les opérations souhaitées.

Script -> Liste

Cet article vous permet de créer des scripts. Exécutez chacune des opérations que vous souhaitez voir figurer dans le script, puis choisissez l'article Liste. Dans la zone de dialogue qui s'ouvre sur votre écran, entrez le nom du script dans la case de saisie, puis cliquez sur Créer. La zone de dialogue Paramètres du script s'ouvre pour vous permettre de définir les opérations à inclure dans le script. L'option "Afficher dans le menu" vous permet d'intégrer le script dans le menu et l'exécuter ensuite comme tout autre article.

Exécuter un script

Une fois le script créé, vous pouvez l'exécuter à partir du menu Script ou de la zone de dialogue Scripts du fichier.

Sélection -> Définir les rubriques...

Cet article vous permet d'automatiser l'entrée de données dans les rubriques. Créez une rubrique ou sélectionnez une rubrique existante, puis cliquez sur Options et activez les options correspondantes.

6.1. Boutons

Les boutons sont représentés par un objet graphique quelconque. Pour définir un bouton, vous pouvez soit créer un objet graphique selon votre imagination, soit reproduire les boutons de Macintosh. Vous pouvez également ajouter la description du script correspondant, à condition d'associer les deux objets. Vous pourrez ainsi déclencher un script par un simple clic sur le bouton. Les figures suivantes illustrent la marche à suivre pour créer des boutons.

✓Fiche suivante
Fiche précédente
Rubrique suivante
Rubrique précédente

Nouvelle fiche
Dupliquer la fiche
Supprimer la fiche
Supprimer les fiches trouvées
Index...
Recopier
Date courante
Heure courante
Remplacer
Aller à la fiche...

Vérifier la sélection
Vérifier la fiche
Vérifier les fiches trouvées

Rechercher
Tout rechercher
Réafficher la requête
Ignorer la fiche
Ignorer les fiches...
Rechercher les fiches ignorées

Afficher/masquer la zone d'état
▼

*Création
de
boutons 1*

▲

Vérifier la sélection
Vérifier la fiche
Vérifier les fiches trouvées

Rechercher
Tout rechercher
Réafficher la requête
Ignorer la fiche
Ignorer les fiches...
Rechercher les fiches ignorées

Afficher/masquer la zone d'état
Afficher/masquer la liste

Aide...
Ouvrir...
Fermer
Importer...
Exporter...
Enregistrer une copie...
Définir les rubriques...
Trier...
Mettre à jour les références
Prévisualisation
Format d'impression...
Imprimer...
Quitter

*Création
de
boutons 2*

119

Dans un modèle en colonnes, les boutons peuvent être exclus de l'impression. Pour illustrer la démarche à adopter, nous allons définir un bouton pour la commande Nouvelle fiche.

Saisie à l'aide de boutons

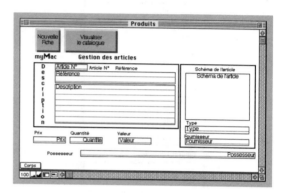

Définir un bouton

Ouvrez le fichier "Produits" et passez en mode Modèle. Procédez comme dans la figure ci-dessus : agrandissez le corps du modèle en faisant glisser la ligne de séparation vers le bas et faites descendre l'ensemble du modèle. Sélectionnez l'outil Rectangle dans la zone d'état et tracez un cadre au-dessus du modèle. Ensuite, sélectionnez l'outil Texte et tapez "Nouvelle fiche". Agencez les deux objets selon votre goût et glissez le texte à l'intérieur du cadre. Sélectionnez les deux objets, puis choisissez l'article Associer dans le menu Objet pour constituer un objet unitaire. Choisissez maintenant l'article Bouton dans le menu Script et sélectionnez les options voulues dans la zone de dialogue. Et pour terminer, testez le fonctionnement du bouton en mode Utilisation.

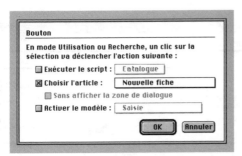

Zone de dialogue Bouton

La commande Nouvelle fiche du menu Edit. est ainsi déclenchée par un simple clic sur le bouton. Selon ce schéma, vous pouvez définir des boutons pour toutes les opérations répertoriées dans les figures du début du chapitre.

6.2. Scripts

Pour automatiser les tâches répétitives vous pouvez également définir des scripts. Cette fonction vous permet de définir une suite d'opérations qui seront exécutées directement par FileMaker Pro sans aucune intervention de votre part. Pour illustrer le fonctionnement des scripts nous allons créer un extrait de catalogue à partir d'une sélection de fiches en mode Recherche.

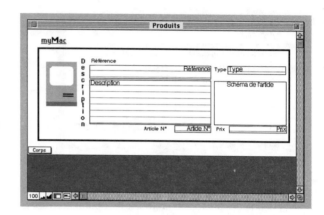

*Le
modèle
Catalogue*

Définir un script pour imprimer un extrait de catalogue

Ouvrez le fichier "Produits" et passez en mode Modèle. Ensuite, créez un modèle en colonnes sous le nom "Extrait de catalogue". Dans la zone de dialogue Ordre des rubriques, déplacez les rubriques "Numéro", "Désignation", "Type", "Description", ainsi que l'image "Article" et le "Prix" dans le catalogue. Agencez les rubriques en prenant la figure ci-dessus pour modèle. Dans l'en-tête, copiez le logo du fichier "Ventes" et choisissez un corps de 10 points. Dans le format d'impression, sélectionnez l'option A5, puis choisissez l'article Liste dans le menu Script. Les opérations ainsi définies seront exécutées désormais à l'aide du script. Tapez "Catalogue" dans la case du nom et cliquez sur Options. Sélectionnez les options d'entrée comme dans la figure ci-dessous. Affichez ensuite le modèle "Saisie produits". Lorsque vous exécutez le script, il ouvre la zone de dialogue Imprimer pour vous permettre de vérifier et de sélectionner l'imprimante.

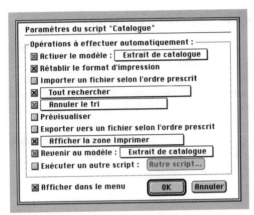

Paramètres du script Catalogue

6.3. Scripts et boutons

En combinant les deux techniques d'automatisation, FileMaker Pro vous permet d'exécuter une suite d'opérations sans avoir à programmer. Il vous suffit pour cela d'associer un bouton à un script existant. La figure ci-dessous illustre un projet de menu personnalisé pour automatiser les tâches quotidiennes.

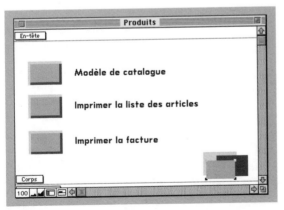

Projet d'automatisation

Associer un bouton à un script

Créez un nouveau modèle sous le nom "Zones de travail" et sélectionnez l'option Vierge. Prenez pour modèle la figure ci-dessus et définissez les boutons de la façon décrite précédemment. Par exemple, pour définir le bouton "Modèle de catalogue", choisissez l'article Bouton dans le menu Script, sélectionnez l'option Exécuter le script et choisissez "Catalogue" dans le menu local, qui répertorie la liste des scripts définis. Pour terminer, cliquez sur OK. Le bouton est ainsi associé au script choisi.

7. Annexes

7.1. Formules et fonctions

Fonction	Syntaxe
Abs	Abs (nombre)
Atan	Atan (nombre)
Average	Average (rubrique répétitive)
Cos	Cos (Nombre)
Count	Count (rubrique répétitive)
Date	(nombre de jours; nombre de mois; nombre d'années)
DateToText	DateToText (date)
Day	Day (date)
DayName	DayName (date)
DayOfYear	DayOfYear (date)
Degrees	Degrees (nombre)
Exact	Exact (Chaîne1; Chaîne2)
Exp	Exp (nombre)
Extend	Extend (rubrique non répétitive)
FV	FV (versement; taux d'intérêt; nombre de périodes)
Hour	Hour (Heure)
If	If (expression; valeur1 si vrai; valeur2 si faux)
Int	Int (nombre)
Last	Last (rubrique répétitive)
Left	Left (chaîne; nombre de caractères)
Length	Length (chaîne)
Ln	Ln (nombre)
Log	Log (nombre)
Lower	Lower (chaîne)
Max	Max (rubrique répétitive)
Middle	Middle (chaîne; position du premier caractère; nombre de caractères)
Min	Min (rubrique répétitive)

Minute	Minute (heure)
Mod	Mod (nombre; diviseur)
Month	Month (date)
MonthName	MonthName (date)
NPV	NPV (taux d'intérêt; versements)
NumToText	NumToText (nombre)
Pi	Pi
PMT	PMT (somme; taux d'intérêt; nombre de périodes)
Position	Position (chaîne; sous-chaîne; position du premier caractère)
Proper	Proper (chaîne)
PV	PV (versement;taux d'intérêt;nombre de périodes)
	Cette fonction permet de calculer la valeur actuelle d'un investissement connaissant le montant fixe des versements effectués à intervalle régulier (nombre de périodes) et le taux d'intérêt fixe appliqué par période.
Radians	Radians (nombre)
Random	Random
Replace	Replace (chaîne1; position du premier caractère; nombre de caractères à remplacer; chaîne2)
Right	Right (chaîne; nombre de caractères)
Round	Round (nombre; nombre de décimales)
Seconds	Seconds (heure)
Sign	Sign(nombre)
Sin	Sin (nombre)
Sqrt	Sqrt (nombre)
StDev	StDev (rubrique répétitive)
Sum	Sum (rubrique répétitive)
	Cette fonction calcule la somme des valeurs portées dans une rubrique répétitive.
Summary	Summary (rubrique Statistique; rubrique de tri)
Tan	Tan (nombre)
TextToDate	TextToDate (chaîne)
TextToNum	TextToNum (chaîne)

TextToTime	TextToTime (chaîne)
Time	Time (heures; minutes; secondes)
TimeToText	TimeToText (heure)
Today	Today
Trim	Trim (chaîne)
Upper	Upper (chaîne)
WeekOfYear	WeekOfYear (date)
Year	Year (date)

7.2. Utilisation en réseau et autorisations d'accès

FileMaker Pro peut être utilisé en réseau et requiert une licence par utilisateur. La première personne à ouvrir un fichier sur le réseau est l'utilisateur principal. Il peut définir des rubriques et des groupes, exporter des fichiers et définir ou modifier des droits d'accès, enregistrer des copies, désactiver l'accès exclusif et définir des zones. Tous les autres utilisateurs sont désignés comme *invités* et doivent se conformer aux instructions de l'utilisateur principal. Les opérations et saisies effectuées par l'utilisateur principal et par les invités sont enregistrées dans le format défini par l'utilisateur principal. Lorsque l'accès est partagé, un seul utilisateur peut, à un instant donné, modifier une fiche ou un modèle. Pendant ce temps, les autres utilisateurs ne peuvent que les consulter.

Toutes les modifications effectuées dans un fichier sont enregistrées sur le disque à partir duquel l'utilisateur principal a ouvert le fichier. La mise à jour s'effectue en tâche de fond. De même, la suppression d'un membre du réseau passe obligatoirement par l'ordinateur principal. Avec AppleShare ou TOPS, vous pouvez utiliser des fichiers à accès non exclusif aussi longtemps qu'il sont ouverts sur l'ordinateur principal.

Index

D

E

F

G

H

I

L

M

N

O

P

Q

R

S

T

U

V

Z

Achevé d'imprimer
sur les presses de l'imprimerie IBP
à Grigny (Essonne 91) (1) 69.43.16.16
Dépôt légal - Novembre 1991
N° d'impression: 5652